Marco Kowalewski

# Blockchain-Millionär
Blockchain 4.0 einfach verstehen und einfach umsetzen

**Marco Kowalewski**

# Blockchain-Millionär

Blockchain 4.0 einfach verstehen und einfach umsetzen

Mit einem Vorwort von Miss Crypto

Rediroma-Verlag

Bibliografische Information der Deutschen Nationalbibliothek:
Die Deutsche Nationalbibliothek verzeichnet diese Publikation in der Deutschen Nationalbibliografie; detaillierte bibliografische Daten sind im Internet über http://portal.dnb.de abrufbar.

ISBN 978-3-98527-637-0



Umschlagillustration: Visual Generation (shutterstock.com)



www.rediroma-verlag.de
22,95 Euro (D)

## Inhaltsverzeichnis

Vorwort ... 9

Zum Autor des Vorworts ... 14

Blockchain Basics ... 15

Einleitung ... 15

Zentralisierung vs. Dezentralisierung ... 17

Kryptographie ... 19

Was ist Blockchain? ... 24

Mining ... 34

Smart Contracts ... 40

Konsensmechanismen ... 42

Proof of Work ... 43

Proof of Stake ... 45

Proof of burn ... 48

Proof of Ownership ... 49

Proof of Existence ... 50

Proof of Importance ... 51

Proof of Authority ... 53

Proof of Capacity ... 54

Proof of Activity ... 55

Proof of elapsed time ... 57

Proof of History ........ 59
Practical Byzantine Fault Tolerance ........ 60
Federated Byzantine Agreement ........ 62

Blockchain-Analyse ........ 63
Stärken ........ 63
Schwächen ........ 69
Gefahren für die Blockchain ........ 78
Alternative Technologien ........ 83

Anwendungsbereiche ........ 88
Wo stehen wir ........ 88
Währungen ........ 92
Finanz-Transaktionen ........ 94
Buchhaltung und Wirtschaftsprüfung ........ 95
Wertpapiere, Immobilien und Edelmetalle ........ 97
Crowdfunding ........ 99
Geldwäsche ........ 102
Grundbesitz ........ 103
Kunst ........ 104
Identität und Social Scoring ........ 106
Patente ........ 108
Treuhänderschaft ........ 110
Daten, Dokumente und Medien ........ 111

Bildungssystem .......................................................... 112
Daten & Passwörter ...................................................... 113
Kommunikation ........................................................... 114
Social Media und Presseagenturen ........................................ 115
Meilen & Treuepunkte .................................................... 116
Dezentrale Applikationen ................................................ 118
Orakel .................................................................. 119
Diskriminierung & Ausgrenzung ........................................... 121
Organisationen, Hilfswerke und Staaten .................................. 122
Decentralized Autonomous Organization ................................... 123
Supply Chain ............................................................ 125
Energiewirtschaft ....................................................... 127
Medizin ................................................................. 129
Versicherungen .......................................................... 131
Selbstfahrende Autos .................................................... 133
Internet of Things (IoT) ................................................ 134
Wetten & Glückspiel ..................................................... 135
Rechtsprechung .......................................................... 136
Wahlsysteme ............................................................. 137
Was erwartet uns? ....................................................... 139

Umsetzung ........ 145
Problemlösung ........ 146
Blockchain oder doch lieber eine zentrale Datenbank? ........ 147
Blockchain im Startup ........ 148
Entscheidend für eine erfolgreiche und richtige Durchführung sind folgende Punkte ........ 150
Blockchain in einem bestehenden Unternehmen oder einer öffentlichen Einrichtung ........ 152
Initial Coin Offering (ICO) ........ 153

Nachwort ........ 161

Quellenverzeichnis ........ 164

# Vorwort

Aus dem reinen Bedürfnis heraus, Geld jederzeit weltweit ohne Mittelsmänner zu verschicken, machte 2008 Bitcoin seine Anfänge. Mit dem Beginn von Kryptowährungen erregte die dahinter liegende Blockchain- bzw. Distributed-Ledger-Technologie (DLT) zunehmend gesellschaftliches Interesse.

Aus der Idee einer oder mehrerer pseudonymer Personen entsprang ein bislang wissenschaftlich noch unerforschtes Gebiet, das weltweit Entwickler, Universitäten, Unternehmen und Organisationen begeisterte.

Mit zunehmender Entwicklung wurde schnell klar, dass der Lösungsansatz eines dezentralen Netzwerks weit mehr als nur den reinen Geldtransfer zwischen zwei Parteien (*peer to peer*) zu bieten hatte. So entstanden aus der verstaubten Ecke „Kryptowährungen" zahlreiche sich überschneidende Visionen: Das Internet of Things (IoT), das Internet des Geldes, dezentrale autonome Organisationen (DAOs), das Web 3.0, die Tokenisierung realer Vermögenswerte (z.B. Aktien, Immobilien).

Ich beobachte gerade in den letzten Jahren eine überproportionale Lernkurve mit zahlreichen Errungenschaften auf diesem Gebiet. Als hätte bisher schon längst da gewesenes Wissen nur darauf gewartet, endlich entfesselt zu werden. Um diese Visionen jedoch auch umzusetzen, müssen nach wie vor technologische Herausforderungen bewältigt werden, damit ein Netzwerk ähnlich unseres derzeitigen Internets auch der zukünftigen Nutzermasse eine stabile Infrastruktur bieten kann („Blockchain-Trilemma").

Dann stellt sich als nächstes die Frage, wie ein dezentrales Netzwerk Einigkeit unter vielen Teilnehmern erreichen kann, wenn jeder dieser Teilnehmer im eigenen Interesse handelt. Auch für diese sogenannten *Zustimmungs- oder Konsensusmechanismen* wurden verschiedene Konzepte erarbeitet, von denen jeder Konsens seine Vor- und Nachteile wie Dezentralität, Sicherheit, Schnelligkeit und Umweltfreundlichkeit hat. Dies hat dazu geführt, dass stetig neue und komplexere Generationen an Blockchains gebaut wurden.

Wo geht die Reise der Blockchain-Technologie und „Crypto" hin? Diese Antwort wird uns offen gestanden nur die Zeit beantworten können.

*Entwicklungstechnisch betrachtet* befinden wir uns wahrscheinlich gerade in einer Art „Prä-Phase" vor der gesellschaftlichen Akzeptanz und Anwendung durch die Masse. „Crypto" entpuppt sich aktuell als eine neue Vermögensklasse, die unser zentrales Finanzsystem für Einzelpersonen bis hin zu Börsen und Zentralbanken ungemein unterstützen kann. Als Schlagworte sind hier dezentrale Finanzen (DeFi), internationaler Zahlungsverkehr und digitales Zentralbankengeld zu nennen.

Ferner erweitert sich das Anwendungsspektrum über den reinen Geldtransfer hinaus bis hin zur dezentralen Verwaltung von jeglichen realen Werten (Tokenisierung von Aktien, Edelmetallen, Grundbesitz) sowie relevanter Daten (Gesundheitsdaten, Identitäten). Auch weitere Bereich wie der Kunstmarkt, die Musikbranche oder die Spieleindustrie dürfen von dezentralen Lösungsansätzen (dezentrale Speicher, NFTs) profitieren.

*Technologisch betrachtet* vermute ich, dass immer mehr Netzwerke mit „gematchten“ Konsensus-Protokollen entstehen werden. Diese entwickeln sich auf Grundlage bisher gut bewährter Mechanismen wie z.B. „Proof of Stake“ und „Byzantinischer Fehlertoleranz“ weiter. Das sogenannte Staking schafft auch Teilnehmern ohne eigene Rechenleistung demokratische wie finanzielle Anreize, an einem Netzwerk mit verschiedenen Nutzungsmöglichkeiten ehrlich zu partizipieren.

Auch sonstige verteilte Hauptbücher wie *azyklisch gerichtete Graphen* dürfen als DLT-Alternativen eine berechtigte Chance erhalten. Gerade in Anwendungsbereichen mit hohen Transaktionsdurchsätzen könnten sie zukünftig Mehrwerte bieten.

Eine weitere technologische Herausforderung ist die reibungslose Kommunikation souveräner Netzwerke untereinander, was allgemein auch unter *Interoperabilität* verstanden wird.

Die derzeitige Blockchain-Landschaft liegt mit vielen kleinen Netzwerken fragmentiert vor. Der Fokus zukünftiger Entwicklungen wird sich auch darauf ausrichten, einheitliche Standards (z.B. Protokolle, Anwendungen) einzuführen. Diese Standards ermöglichen jedem Netzwerk die Option zur Teilnahme, sich mit einem anderen oder mehreren Netzwerkpartnern auszutauschen. Mit dieser neuartigen Vernetzung unserer Welt könnte sich die Vision eines Meta-Netzwerk, dem „Internet of Blockchains“ realisieren lassen.

Klammern wir die Risiken hinter der Technologie bei unseren Überlegungen hierfür aus und betrachten zunächst nur das globale Netzwerk der Finanzen allein: Für Dienstleister im Bankensystem würde das bedeuten, jegliche Vermögenswerte von überall aus innerhalb von Sekunden sicherer und transparent zu transferieren. Auch Privatpersonen würde die Blockchain-Technologie einschließen: Viele Millionen von Menschen sind weltweit „unbanked". Diese Menschen haben keinen Zugang zu Banken, deren Geldautomaten oder Finanzdienstleistungen. Was würde passieren, wenn all diese Menschen die Chance erhalten würden, an einem dezentralen Netzwerk teilzunehmen?

Unabhängig von der Teilnahme am Zahlungssystem könnten Personen und Unternehmen ihre Daten speichern, kontrolliert freigeben und darüber hinaus intelligente Verträge, sogenannte *Smart Contracts,* ausführen lassen. Das dezentrale Internet der Blockchains würde sich hierbei zu einer „noch intelligenteren" Cloud entwickeln.

All diese Anwendungen können in Zukunft nicht über ein (Zahlungs-) Netzwerk allein abgewickelt werden. Denken Sie dabei bitte kurz an das Bild einer „eierlegenden Wollmilchsau".

Sollten interoperable Lösungen gefunden werden, so würde sich ein Netzwerk (öffentlich, privat, genehmigungsfrei, genehmigungseingeschränkt) mit einem weiteren Netzwerk unter Wahrung der eigenen Souveränität austauschen wollen. Es würden weitere Netzwerke folgen, bis viele feine Querverbindungen entstehen. Aus einem Einzelnetzwerk entstünde so ein Meta-Netzwerk, von dem untereinander profitiert werden könnte.

Und ein letzter visionärer Gedanke: Was würde passieren, wenn das Meta-Netzwerk alle gesamten Blockchains sämtlicher Industriezweige (Finanzen, Handel & Logistik, Gesundheit, Wissenschaft & Forschung, Automobilindustrie,

Grundbesitz, Medien & Kommunikation, Regierung, Rechtswesen, Bildung, Buchhaltung, Kunst usw.) zur interoperablen Teilnahme einladen würde?

Solch ein Internet an Blockchains könnte schlussendlich den derzeitigen strategischen Lösungsrahmen für eine Branche revolutionieren. Neue Zusammenhänge unserer realen Welt könnten offenbart werden – und das alles durch diese einzigartige Blockchain-Technologie.

Sind Sie jetzt auf das Buch neugierig geworden?

**Zum Autor des Vorworts**

Dr. Stephanie Morgenroth (28) möchte als ***„MissCrypto"*** über ihren Youtube-Kanal möglichst viele Menschen zum Themenkomplex „Crypto" und „Blockchain" erreichen.

https://www.youtube.com/c/MissCryptoGer

Ihre persönliche Faszination für diese Technologie motiviert sie, komplexes Wissen dafür zusammenzufassen und möglichst einfach sowie unterhaltsam zu vermitteln.

Gezieltes Verständnis und Aufklärung für diese neue Vermögensklasse können ihrer Meinung nach die Akzeptanz in der Gesellschaft fördern und das Leben vieler Menschen bereichern.

# Blockchain Basics

## Einleitung

Ich beschäftigte mit nun seit einem knappen Jahrzehnt mit der Blockchain und den dazugehörigen Kryptowährungen. Trotz meines Wirtschaftsstudiums fiel es mir oft nicht sehr leicht, die Zusammenhänge und Abläufe in der Technologie zu verstehen und Entwicklungen einzuschätzen, sodass ich sehr viel Zeit für Eigenrecherche verwenden musste.

Mit diesem Buch möchte ich als Nicht-Informatiker einen leicht verständlichen und verdaulichen Ratgeber an die Hand geben, um diese Technologie und die neuesten Trends besser zu verstehen. Ein persönlicher Wunsch wäre es dadurch den nächsten Blockchain-Millionär hervorzurufen oder Investoren für dieses spannende Feld zu begeistern.

Wir werden uns inhaltlich zuallererst mit den Blockchain Basics beschäftigen, bevor wir uns die unterschiedlichen Konsensmechanismen anschauen, die genutzt werden können, um Vertrauen in ein solches System ohne zentrale Instanz zu schaffen. Im Folgenden werden wir uns die Technologie mit all ihren Funktionen, Besonderheiten, Stärken und Schwächen im Detail anschauen und danach die unterschiedlichen Anwendungsbereiche genauer unter die Lupe nehmen. Zu guter Letzt sehen wir uns an, wie eine Idee oder besser die Lösung eines Problems ideal am Markt über Start-Ups oder ein bestehendes Unternehmen implementiert werden kann.

Mit der Blockchain-Technologie hält eine neue, hochinteressante Technologie Einzug, die zurzeit in aller Munde ist.

Experten gehen von einem Innovations- und Veränderungspotenzial aus, das vergleichbar ist mit dem Siegeszug des Internets. Die Entwicklung von immer neuen Anwendungen auf Basis der Blockchain-Technologie sowie zahlreiche Projekte unterstreichen die hohe Dynamik und die damit verbundene Erwartungshaltung.

Unternehmen, welche sich in dieser Phase aktiv an der Entwicklung beteiligen, können sich neue Marktanteile sichern. Die Eigenschaften von Blockchains versprechen Lösungen für die modernen Bedürfnisse von Kunden. In einer dezentralen Welt ist der reibungslose Transfer von Informationen entscheidend für das Funktionieren des Gesamtsystems. Die Blockchain-Technologie besitzt das Potenzial, als Transformator für ein digital vernetztes Ökosystem aus Millionen Geräten zu dienen.

Sie ermöglicht einen sicheren, dezentralen und flexiblen Informationsaustausch. Diese Basis ist entscheidend, um perspektivisch einen immer höheren Grad an Vernetzung, Automatisierung, Steuerungsfähigkeit und Anpassung zu ermöglichen.

Neben diesen Chancen ist es ebenso entscheidend zu analysieren, in welchen Bereichen die Technologie noch technische Limitierungen aufweist oder ob bestehende IT-Lösungen ähnliche Vorteile bieten. Auch sind rechtliche Fragestellungen in Hinblick auf die Blockchain-Technologie zu beachten.

## Zentralisierung vs. Dezentralisierung

Die Blockchain ist ein dezentrales System, doch was heißt dies genau?

Wir sind es heutzutage traurigerweise schon gewohnt, dass Regierungen, Medien oder Unternehmen Entscheidungen für uns treffen und Dinge zentral beschließen. Diese Art der Entscheidungsfindung ist selbstverständlich effizient und es kommt selten zu Missverständnissen.

Eine zentrale Instanz wie eine Regierung hat allerdings auch jederzeit durch die Beeinflussung von Medien die Möglichkeit, komplette Kontrolle zu erlangen und den Konsensus zu bestimmen, sprich zu sagen, was in der Vergangenheit passiert und was aktuell Fakt ist. Die Corona-Pandemie mit all ihren Regeln für uns Bürger hat uns dies eindrucksvoll bewiesen, ohne bewerten zu wollen, ob dies richtig oder falsch war.

Bei der Dezentralisierung ist genau das Gegenteil der Fall und dies bedeutet, dass Kontrolle, Entscheidungen und Vertrauen nicht über einige wenige laufen, sondern sich auf viele oder gar alle verteilt. Entsprechende Corona-Regeln würden somit von den Bürgern bestimmt werden, nachdem sie über einen vorher festgelegten Weg Einigkeit erzielen. Hier speichern außerdem nicht Firmen wie Google oder Dropbox die Dateien, sondern jeder Nutzer speichert dezentralisiert einen Teil der Daten von jemand anderem.

Ein solches System kann drastische Auswirkungen auf viele Lebensbereiche haben und wird in Zukunft sicher noch viele Fragen zu Machtverhältnissen weltweit aufwerfen.

Vertrauen sprich Konsensus im Digitalen zu schaffen ohne eine zentrale Instanz ist jedoch schwierig. Im Vergleich zum Physischen gibt es im Digitalen viele Möglichkeiten, Dateien oder Bilder zu verändern und zu löschen. Hier kommen wir zum Konzept der dezentralen Ledger-Technologie. Ein dezentraler Ledger ist eine digitale Datenbank mit Informationen, welche von einer Gruppe von Leuten abgespeichert und in regelmäßigen Zeitblöcken auf dem gleichen Stand gehalten wird, um Manipulation zu verhindern. Die bekannteste Form eines dezentralen Ledgers ist eine Blockchain.

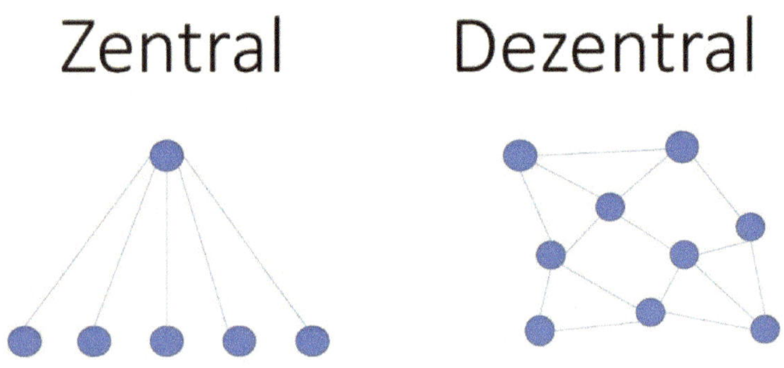

## Kryptographie

Die Datensicherung der Blockchain geschieht durch Kryptografie, um die Daten der Nutzer zu schützen und sicherzustellen, dass die Transaktionen sicher verarbeitet und dauerhaft gespeichert werden. Nur eine starke Kryptografie hilft, darauf zu vertrauen, dass die Kommunikation nur von gewünschten Personen eingesehen werden kann.

Bei zentralisierten Services braucht man zum Anmelden auf einer Website Login/E-Mail und Passwort, welches auf dem Firmenserver gespeichert wird.

Liegt auf dieser Website (Bankschließfach) 1 Million an Wert, lohnt es sich für einen Hacker, für diesen Hack 990.000€ zu investieren, um dadurch einen Gewinn in Höhe von 10.000€ zu erzielen. Dies sind gezielte Angriffe, da der Hacker weiß, wie viel Wert auf welchen Plattformen liegt. Je höher der Wert auf einer Website ist, der gesichert werden muss, desto mehr Geld müssen Firmen entsprechend in deren Sicherheit investieren.

Bei der dezentralen Variante werden über Hashing mehr „Bankschließfächer" geschaffen, als es Sandkörner auf allen Stränden der Welt gibt, und der Wert in einem dieser „Bankschließfächer" verwahrt. Ein gezielter Angriff wird dadurch unmöglich gemacht und aktuell könnte kein existierender Computer der Welt dieses „Bankschließfach" finden beziehungsweise hacken.

Beim Hashing-Prozess werden dabei Informationen in einzigartige Zahlen-Buchstaben-Kombination mit einer fixen Länge verwandelt. Wichtig ist dabei zu wissen, dass der Weg von der Information zum Hash für jeden Teilnehmer durchführbar ist, es jedoch unmöglich ist, von einem Hash zur Originalinformation zu gelangen. Die kleinste Veränderung an der Information würde auch direkt zu einem neuen unbekannten Hash und zu einer komplett neuen eventuell sinnlosen Information führen.

Die Nachricht „Petra kommt heute zehn Minuten später zum vereinbarten Treffpunkt“ könnte in Form eines Hashcodes aus zehn hexadezimalen Zeichen so aussehen: „3d145ab86e“. Jemand, der den Hashcode „3d145ab86e“ sieht, wüsste jedoch nicht, dass dies bedeutet, dass Petra zehn Minuten später zum vereinbarten Treffpunkt kommt. Würde der Urheber der Nachricht diese folgendermaßen verändern: „Petra kommt heute 15 Minuten später zum vereinbarten Treffpunkt“, so ändert sich der Hashcode komplett und könnte beispielsweise so aussehen: „7tz456hsg5“.

Nach bestimmten Zeitblöcken werden dann auf der Blockchain mehrere Updates gleichzeitig gespeichert und dies führt dazu, dass auch alle Hashes nochmals zu einem einzigen Hash bzw. Block gehashed werden, dem sogenannten Merkle-Root.

In der Blockchain Technologie kommt vor allem der SHA256-Hashing-Algorithmus zur Anwendung. Es handelt sich dabei um eine binäre Zahl mit 256 Stellen, also 2 hoch 256 und damit eine Zahl, die größer ist als die genannte Zahl der Sandkörner auf der gesamten Welt.

All diese Algorithmen sind von jedem zugänglich und einsehbar, also open source.

Da in der Blockchain alle Teilnehmer gleichberechtigt sind, benötigt es jedoch noch einen zweiten Kryptografie-Mechanismus, damit nicht jeder willkürlich Informationen erstellen, ändern oder löschen kann.

Hierbei helfen asymmetrische Schlüsselpaare, um Nachrichten sicher zu verschlüsseln. Man spricht von asymmetrisch, da die Ver- und Entschlüsselung der Nachricht nicht über die gleiche Regel abläuft.

Eine symmetrische Verschlüsselung könnte man sich in der Realität über ein Bankschließfach vorstellen, für welches man den Schlüssel besitzt. Um einem anderen Empfänger Zugang zu dem Schließfach zu gewähren, müsste man ihm den Schlüssel zukommen oder zuschicken lassen. In der Welt des World Wide Web wäre dies jedoch sehr gefährlich, da Hacker den entsprechenden Schlüssel abfangen könnten oder ihn bei mehrfacher Verwendung irgendwann leichter knacken könnten.

Bei dem asymmetrischen Schlüssel wird zuerst beim Anmelden an einer Blockchain automatisch eine Datei runtergeladen (eine sogenannte Wallet installiert) und danach der sogenannte Private Key generiert, welcher einem willkürlichen Bankschließfach zugeordnet wird. Durch die asymmetrische Kryptografie generiert dann der Private Key über eine mathematische Formel eine öffentliche Adresse, den sogenannten Public Key. Wichtig ist zu wissen, dass, wenn jemand den Private Key kennt, er auch die öffentliche Adresse berechnen kann. Andersherum ist es jedoch unmöglich, wodurch das Bankschließfach geschützt wird.

Den Private Key (Passwort) sollte man gut schützen und niemandem geben, den Public Key (E-Mail) benutzt man hingegen wie eine IBAN und das Geld landet in genau dem zugeordneten Bankschließfach, wobei niemand nachvollziehen kann, in welchem Bankschließfach, und man dieses Geld auch nur wieder mit dem Private Key entnehmen oder weitersenden kann. Ein Verlust des Private Keys würde somit auch einen Verlust des in dem Bankschließfach enthaltenen Wertes bedeuten. Hier sind in der Bitcoin-Welt schon die verrücktesten Sachen passiert. So hat vor kurzem ein Unternehmer aus Barbados den Zugang zu seinen 800 Bitcoins verloren, da er den Private Key auf der Festplatte seines Rechners verwaltete und ein Freund die Festplatte formatierte. Bei dem aktuellen Bitcoin-Wert von circa 21.000€ bedeutete dies einen unwiederbringlichen Verlust von 18 Millionen Euro.

In der Welt des Austauschs von Nachrichten erlauben es die beiden Schlüssel also, eine Nachricht mit dem einen Key zu verschlüsseln und mit dem anderen zu entschlüsseln. Jeder, der möchte, könnte also eine Nachricht mit dem Public Key verschlüsseln, aber nur der Besitzer des Private Keys könnte die Nachricht entschlüsseln.

Erhält man Kryptowährungen, so werden die Coins per Public Key verschlüsselt „in das Bankschließfach gelegt" und nur der Besitzer des Private Key kann dieses Fach dann öffnen und somit eine neue Transaktion generieren. Der Private Key dient dabei zum Signieren und ist die digitale Unterschrift, um zu prüfen, ob man die entsprechende Information auch erstellen bzw. das Update durchführen durfte. Bei Smart Contracts, welche wir später noch kennenlernen werden, kann in dem Fall jeder mit dem Public Key einen Vertrag lesen, aber nur der Private-Key-Besitzer ihn bearbeiten.

Wenn man in der Presse von Blockchain Hacks liest oder hört, würde dies heißen, dass jemand ein Bankschließfach leergeräumt hat, ohne den Private Key zu besitzen. Dies ist jedoch bis heute allerdings noch nie passiert und mathematisch unmöglich. Bei diesen Hacks wurde meist eine Krypto-Börse gehackt, welche die Private Keys für den Besitzer der jeweiligen Krypto-Wallet verwalten, und entsprechende Kryptowährungen entwendet. Daher hört man in der Krypto Community sehr häufig den Satz: „Not your Key – not your money".

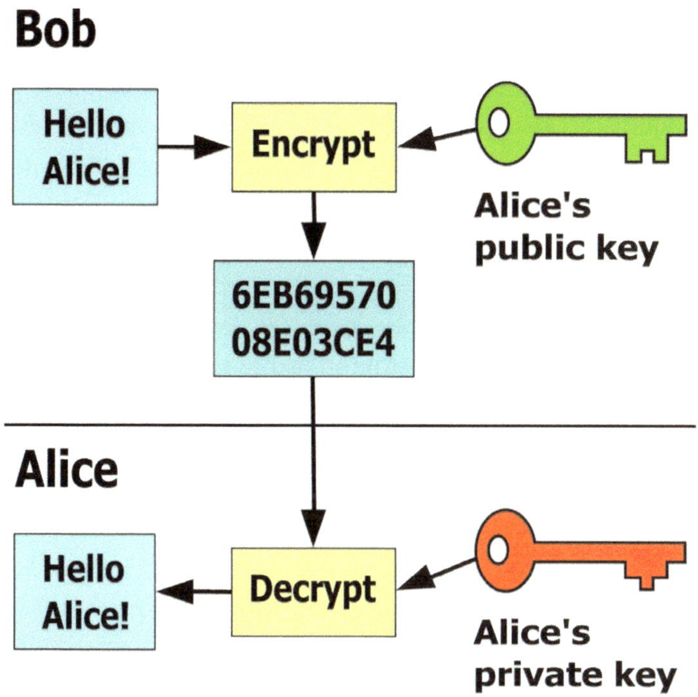


https://de.wikipedia.org/wiki/Asymmetrisches_Kryptosystem

**Was ist Blockchain?**

Die Geschichte der Blockchain-Technologie resultiert aus dem Wunsch, das Finanzwesen zu revolutionieren und ein von Dritten unabhängiges, digitales Zahlungssystem zu entwickeln, mit welchem Finanztransaktionen direkt zwischen den Bankkunden selbst abgewickelt werden können, ohne dass eine zentrale Instanz wie eine Bank involviert ist.

Blockchain ist also keine Firma, Organisation oder App, sondern eine völlig neue Art, Transaktionen und Daten im Internet zu durchzuführen, zu dokumentieren und abzuspeichern. Sie ist in Ihrem Anwendungsbereich eine Parallele zum Beginn des Internet in den 90er Jahren und hat die Schlagkraft, eine ähnliche Veränderung in unserem Leben herbeizuführen.

Am 31.10.2008 veröffentlichte eine bis heute unbekannte Arbeitsgruppe oder Person namens Satoshi Nakamoto ein White Paper, welches beschrieb, wie man Vertrauen im Digitalen aufbauen kann, also wie es unmöglich wird, durch digitale Veränderung jemanden zu belügen. Dies geschieht durch die sogenannte Blockchain, eine Datenbank, im Grunde wie ein öffentliches Register, welche die Inhalte speichert, wer was besitzt und wer welche Transaktion durchführt.

Sie ist komplett transparent und jeder kann jederzeit alles einsehen. Niemand kann daher vorhandene Daten unbemerkt verändern, wodurch sie absolut zensurresistent wird. Durch die Dezentralität kann sie auch niemand, keine Bank und kein Staat, stoppen. Bei den dezentralen Finanzen kann niemand im Vergleich zum herkömmlichen Finanzsystem willkürlich neue Einheiten (Coins/Geld) schaffen, Konten beschlagnahmen oder Zahlungen blockieren.

Darüber hinaus ist die Blockchain Open Source, was heißt, dass jeder Ihren Code sieht und darüber hinaus ist Ihre Nutzung kostenfrei für die Community.

Sie löst das Problem, digitale Informationen ohne zentrale Verwaltungsstelle unveränderbar abzuspeichern. Jeder kopiert sich dabei diese Datenbank von anderen und jeder hat die gleiche Datei. Das Updaten der dezentralen Datei funktioniert dadurch, dass die Teilnehmer, sogenannte Miner, sich in regelmäßigen Zeitblöcken darüber abstimmen, was in einem solchen Zeitblock passiert ist. Wenn sich dabei die Mehrheit der Miner auf einen neuen Dateneintrag geeinigt hat, wird dies als Informationsblock festgehalten und an den vorherigen Informationsblock angehängt. Dies geschieht, indem der letzte Eintrag des vorherigen Blocks ebenso der erste Eintrag im neuen Block ist. Ein Block wird also kryptografisch an einen anderen gekettet, im englischen „gechained". Daher der Begriff Blockchain und dies ist letztendlich das Aneinanderketten von Informationsblöcken, welche durch diese Aneinanderkettung unveränderlich sind.

Jeder neue Block in einer Blockchain enthält die durch einen Algorithmus berechnete Prüfsumme aller vorherigen Blöcke in Form eines Hash-Wertes. Hierdurch ist sichergestellt, dass vorherige Blöcke nicht nachträglich verändert werden können, denn dann wäre der dazugehörige Hash-Wert ungültig.

Veränderung ist nur durch die Zerstörung eines Puzzlestücks im Block möglich, wodurch die gesamte Kette zerstört werden würde und jeder dies bemerken würde. Ein solcher Vorgang wäre außerdem unglaublich schwer und teuer, sodass er sich für einen Angreifer nicht rentiert. Eine Blockchain ist also nichts anderes als einer der möglichen Wege, in der digitalen Welt Einigkeit und Vertrauen dezentral zu erzeugen.

Unter Blockchain versteht man also eine Sammlung von allen jemals stattgefundenen Transaktionen, die in dem jeweiligen System durchgeführt wurden und in Blöcke aufgeteilt sind. Diese Blöcke bilden eine Kette, sodass jeder folgende Block einen kryptografischen Verweis auf den vorigen Block trägt.

Definition: „Was ist eine Blockchain“ von Dr. Julian Hosp:

„Eine Blockchain ist eine digitale Datei, in der dieselbe Information von allen Mitgliedern einer Gesellschaft abgespeichert und Updates in regelmäßigen Zeitblöcken an die bereits bestehende Information gehängt werden, sodass jeder Teilnehmer die gesamte Information besitzt und sich nicht auf andere verlassen muss.“

Quelle: Blockchain 2.0 – einfach erklärt – mehr als nur Bitcoin, S.38

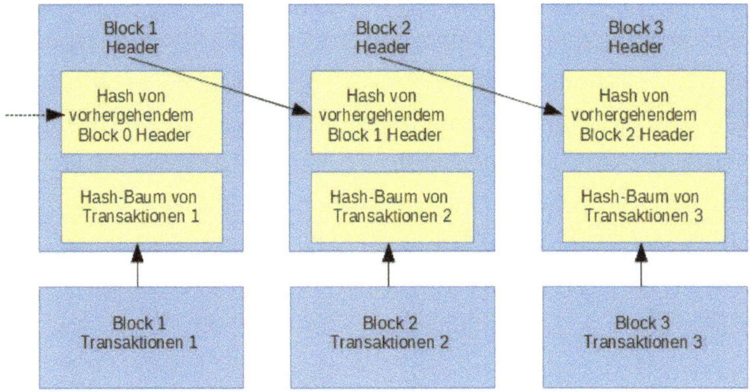


https://de.wikipedia.org/wiki/Blockchain

Manchmal kann es passieren, dass sogenannte Orphan Blocks entstehen, wenn zwei verschiedene Miner ihre verifizierten und gültigen Blöcke fast gleichzeitig fertigstellen. Dies führt dazu, dass das Netzwerk in zwei konkurrierende Versionen der Blockkette aufgeteilt wird, bis einer der Blöcke verworfen wird. Da immer die längste Kette die gültige ist, verwaist der andere Block entsprechend.

Die Bildung von abgestandenen Blöcken ist völlig natürlich und erfolgt in den meisten Fällen durch Zufall. Sie können jedoch auch entstehen, wenn böswillige Akteure versuchen, eine alternative gültige Kette zu erstellen.

In einem Blockchain-System gibt es meist drei Gruppen von Nutzern, wobei jeder Teilnehmer jeden Status einnehmen kann. Es gibt erstens die Miner, zweitens die Full Nodes und die Light Nodes, welche einen Teil oder komplette Kopie speichern und updaten oder eine vollständige Kopie der Blockchain speichern und updaten, sowie drittens die einfachen User.

Die User bilden die Gesamtheit der Transaktionsberechtigten, welche keine Transaktionen bestätigen oder irgendetwas berechnen müssen und der ganze Prozess läuft im Hintergrund vollautomatisch und dezentral durch die in der Blockchain verbundenen Rechner (Nodes) ab und dauert nur wenige Minuten.

Als Nodes werden Computer im Bitcoin-Netzwerk bezeichnet, welche die komplette Transaktionshistorie gespeichert haben. Diese Nodes prüfen bei Transaktionen, ob die darin involvierten Parteien eine ausreichende Deckung haben oder ob die jeweiligen Signaturen valide sind. Der große Unterschied zu Minern ist, dass Nodes nichts berechnen, sondern nur prüfen, ob die Berechnungen der Miner korrekt sind. Die Teilnahme als Node ist nicht rechenintensiv und mit einem handelsüblichen Computer möglich.

Miner in der Bitcoin-Blockchain sind spezialisierte Rechner mit sehr leistungsfähiger Hardware. Sie haben die Funktion eines „Arbeiters" in der Blockchain und sind dafür verantwortlich, die Blöcke zu erstellen. Für diese Erstellung müssen sie eine komplexe Aufgabe lösen und werden bei Erfolg monetär für das erfolgreiche Berechnen eines neuen Blocks belohnt. Heutzutage sind Miner überwiegend in sogenannten Mining Pools organisiert, wo nur ein Rechner im Pool eine komplette Transaktionshistorie vorrätig hat. Mining Pools sind häufig so groß, dass sie in großflächigen gekühlten Hallen, den sogenannten Mining Farmen, organisiert sind.

Quelle:
https://de.wikipedia.org/wiki/Bitcoin#/media/Datei:Hut_8_Medicine_Hat_box_1.jpg

Es wird allgemein bei der Durchführung einer Transaktion kein vertrauenswürdiger Mittler wie PayPal, Visa oder eine Bank benötigt, um diese abzusichern, da diese Aufgabe durch die Teilnehmer des Blockchain-Netzwerks übernommen wird. Die Blockchain kennt die Besitzstände der Transaktionspartner und kann nur Transaktionen durchführen, die der Datenrealität entsprechen.

Darüber hinaus existiert ein gewisser Grad an Anonymität. In der Transaktionshistorie ist zwar erkennbar, was Gegenstand der Transaktion war, jedoch nicht, wer namentlich daran beteiligt war, denn die Wallets tragen keine Namen wie bei einem Bankkonto, sondern haben nur eine Nummer. Dadurch ist immer öffentlich einsehbar, welches Konto welche Summen erhält, doch der Empfänger bleibt in der Regel unbekannt beziehungsweise pseudonym.

Eine Blockchain wird in der Presse oft als Hype zitiert und grundsätzlich ist alles, was kein Problem löst ist, auch ein Hype und hätte keine Daseinsberechtigung.

Das Problem, welches eine Blockchain löst, ist Vertrauen. Alles ist komplett vorhersehbar und im Algorithmus steht, wofür die Blockchain dient. Darüber hinaus ist die Notwendigkeit einer Zertifizierungsmöglichkeit mit dem Aufkommen des Internet und digitaler Dokumente massiv gestiegen, da plötzlich alles leicht zu verändern und zu vervielfältigen war. Die dezentrale Infrastruktur bedeutet ferner weniger Risiko durch einen zentralen Angriffspunkt oder Ausfall.

Der Usecase bei Bitcoin ist zum Beispiel, dass er nicht weggenommen werden oder blockiert werden kann. Ferner hat jeder Zugriff, Bitcoin ist leicht transportierbar und für jeden empfangbar. Eine Blockchain befreit uns dadurch von Banken, welche den Zugang zu unseren Geldern kontrollieren.

Bei Blockchains wird prinzipiell zwischen öffentlichen (permissionless), privaten (permissioned) und konsortialen (shared permissioned) Blockchains unterschieden. Die jeweiligen Blockchainarten bringen alle entsprechende Vor- und Nachteile mit sich und unterscheiden sich hinsichtlich der Zugriffsrechte.

Die bekanntesten Blockchains wie Ethereum oder Bitcoin sind öffentlich und jeder kann an der Blockchain als Teilnehmer mitwirken. Ihre Vorteile sind die potenzielle Teilnahme von an sich unbekannten Rechnern ohne Vorabprüfung, Pseudonymität der Teilnehmer, Zugänglichkeit, keine Notwendigkeit für eine zentrale Instanz, hohe Innovations- und Weiterentwicklungsgeschwindigkeit bei hoher Teilnehmerzahl sowie ein hohes Sicherheitslevel.

Als Nachteile lassen sich folgende nennen: Die große notwendige Teilnehmerzahl, die niedrige Transaktionsgeschwindigkeit, fehlende Anonymität und fehlerhaft getätigte Transaktionen können nicht rückgängig gemacht werden und der Verlust der Zugangsdaten zum Wallet führt zu Verlust von Werten, Verträgen und Nachweisen.

Bei privaten Blockchains werden die Teilnehmer an der Blockchain von einer zentralen Instanz aufgenommen und sind in ihrer Ausweitung begrenzt, da Teilnehmer vertrauensvoll sein müssen und nur auserwählte am Konsensprozess mitwirken dürfen. Dadurch können in privaten Blockchains mit bekannten Partnern sehr schnell und flexibel Anwendungen entwickelt und eingesetzt werden. Private Blockchains sind beispielsweise gut einsetzbar bei unternehmensinternen Prozessen, welche ausgerichtet sind auf einen hohen Durchlauf an Daten, aber auch bei Anwendungen, welche ein hohes Vertrauen voraussetzen, was durch die Blockchain gewährleistet werden kann.

Vorteile sind die Erhöhung der Transaktionsgeschwindigkeit, die Skalierbarkeit, die Möglichkeit der regelmäßigen Archivierung von Daten, die Festlegung von Verantwortlichkeiten sowie die Möglichkeit, Vorgänge zu korrigieren und die Regeln jederzeit anpassen zu können.

Als nachteilig kann man es bezeichnen, dass Betreiber den Zugang jederzeit beschränken können, die fehlende Anonymität, die größere Gefahr für Angriffe sowie die Möglichkeit, Gebühren für den Zugang zu erheben und diesen so zu beschränken.

Konsortial-Blockchains sind als semi-private Blockchains ein Kompromiss zwischen öffentlichen Blockchains und privaten Blockchains. Sie dürfen zwar von jedem genutzt werden, die Teilnahme am Konsensprozess ist jedoch auf Auserwählte beschränkt.

Sie sind einerseits in ihrer Ausdehnung dadurch begrenzt, dass die teilnehmenden Rechner und die zugelassenen Anwendungen der Zustimmung des gesamten Konsortiums bedürfen. Andererseits liegt in dieser geprüften Zulassung eine hohe Attraktivität für Unternehmen.

Vorteile sind die deutlich schnellere Transaktionsgeschwindigkeit als in öffentlichen Blockchains durch optimierte Konsensalgorithmen/-mechanismen und dass Regeln zum Betrieb der Blockchain jederzeit vom Betreiber angepasst werden können.

Nachteile sind die geringere Innovations- und Weiterentwicklungsgeschwindigkeit, die geringe Flexibilität, die Erhöhte Gefahr für Angriffe und dass Betreiber Gebühren für den Zugang erheben können.

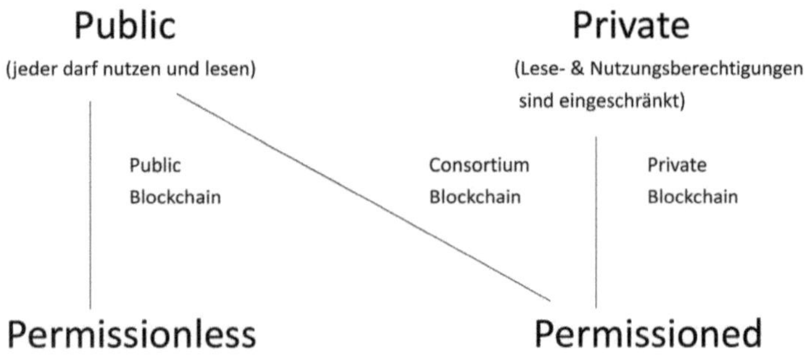

In Zukunft wird die Herstellung der Interoperabilität zwischen verschiedenen Blockchains immer wichtiger und die zukünftige Herstellung dieser Interoperabilität wird als einer der zentralen Erfolgsfaktoren für die Blockchain-Technologie angesehen.

## Mining

Das Mining bildet die technische Basis für die Aufrechterhaltung der Blockchain. Im Detail geht es dabei um das Lösen komplexer mathematischer Aufgaben, mit denen die Transaktionen innerhalb eines Zahlungssystems verifiziert werden. Alle Transaktionen werden mit Informationen, von welcher Adresse zu welcher Adresse wie viel gesendet werden soll, gespeichert und per Private Key signiert. Wenn dieser Prozess abgeschlossen ist, entsteht ein sogenannter einzigartiger vorher nie existenter Hash (Puzzlestück).

All diese Puzzlestücke müssen dann in einem Prozess (im Falle von Bitcoin dem „Proof of Work") zusammengefügt werden und ergeben in ihrer Summe den sogenannten Merkle Tree.

Hier kann niemand betrügen, da eine kostspielige Arbeitsleistung (Energie in Form von Strom für die mathematischen Berechnungen) erbracht werden muss.

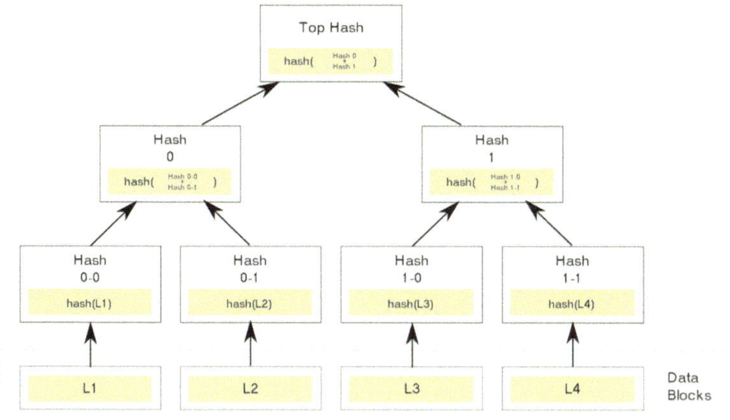


Quelle:
https://de.wikipedia.org/wiki/Hash-Baum#/media/Datei:Hash_Tree.svg

Mining erlaubt auch kein „Double Spending“, da die Miner sehen würden, dass dieses Geld schonmal ausgegeben bzw. upgedatet wurde. Da sie sonst unnötig Energie verbrennen würden, lehnen sie eine entsprechende Transaktion dann ab, so, wie es eine Bank in einem zentralen System tun würde. Sofern ein Angreifer jedoch über die Mehrheit der Rechenleistung in einem Netzwerk verfügt, hätte er die Möglichkeit einen „Double-Spend-Angriff“ erfolgreich durchzuführen, indem er eine Transaktion in einem Block tätigt (im Falle der Abbildung in Block #4 von Alice) und von dem vorherigen Block aus die längste Kette erstellt. Der Block mit seiner Transaktion würde so zu einem Orphan Block werden. Insbesondere kleinere Netzwerke sind anfällig für einen solchen Angriff, da hier die Angriffskosten in einem positiven Verhältnis zu einem möglichen Ertrag stehen können.

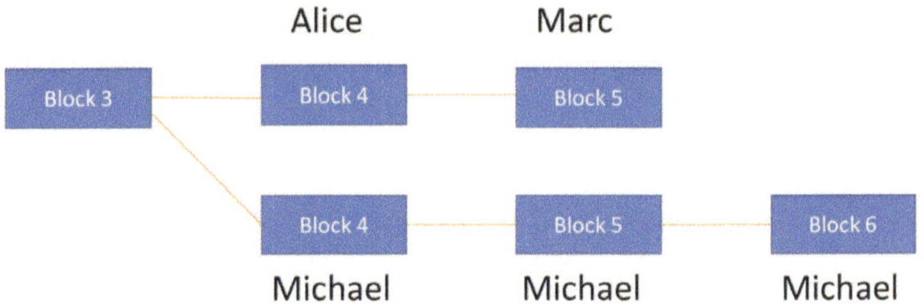


Um einen solchen Angriff zu vermeiden, hat man beispielsweise bei Bitcoin das Konsistenzmodell ins Leben gerufen, wo eine Transaktion nicht sofort mit der Aufnahme in einem Block bestätigt wird. Dadurch sinkt mit steigender Zeitspanne die Wahrscheinlichkeit, dass ein solcher Angriff Erfolg haben wird. Je nach Abwägung des akzeptablen Risikos wartet man, bis „n" Blöcke auf einen Block gesetzt wurden, bis die Transaktionen als akzeptiert gesehen werden. Bei Bitcoin hat man sich beispielsweise auf die Anzahl von sechs Blöcken geeinigt.

Grundsätzlich ist eine Transaktion nichts anderes als ein Update, welches aber erst dann gültig ist, wenn mindestens 51% der Community dieses Update durchführen und einen neuen Block akzeptieren. Dieser Prozess läuft dabei vollautomatisch im Hintergrund ab und als Nutzer muss man sich dabei um nichts kümmern. Im Anschluss ist die Blockchain upgedated und dieser Prozess beziehungsweise die Blockdauer beträgt bei Bitcoin aktuell circa zehn Minuten.

Hierbei wird auch immer eine ökonomische Balance geschaffen, sodass es sich nicht lohnt zu spamen oder die Blockchain zu attackieren. Je mehr Wert also in einer Blockchain steckt desto teurer wird auch das Mining. Dies ist der Grund, warum Transaktionen im Blockchain-Ökosystem Geld kosten, wobei der Preis schwankt, je nachdem, wie hoch der Arbeitsaufwand ist.

Wichtig ist hier zu wissen, dass Mining nichts mit der Kreierung von Coins zu tun hat, wie es oft analog zum Mining von Goldreserven falsch dargestellt wird, sondern es ist die Erschaffung von Blöcken.

Wenn die Meinung im System, sprich, der Konsensus, geteilt wird, kann man eine Blockchain auch mit einer neuen Idee „forken“ und eine neue Datenbank kreieren. Dieses passiert sehr regelmäßig und zu 99% handelt es sich hierbei jedoch um Scams.

Forks besitzen eine gemeinsame Vorgeschichte, stimmen ab dem Zeitpunkt des Forks aber nicht mehr überein. Die Teilnehmer im System entscheiden sich dann, je nachdem, welche Information sie als Wahrheit oder optimal ansehen, für den einen oder anderen Weg.

Solche Forks können entweder „soft“ als reines Update ablaufen und neben dem Ursprungsprotokoll laufen oder „hard“ mit anderen Informationen auf einem neuen Strang als Konkurrenz zum Ursprungsprotokoll.

Zur Durchführung einer Fork wird eine demokratische Mehrheit benötigt und um diese Mehrheit zu bestimmen, gibt es verschiedene Methoden: Eine „Miner Activated Fork“, eine „User Activated Soft Fork (UASF)“ und eine „Miner Activated Soft Fork (MASF)“.

Die „User Activated Soft Fork“ wird durch eine Mehrheitsentscheidung der Full Nodes der Kryptowährung durchgeführt. Hier muss eine Mehrheit von Full Nodes, welche die komplette Blockchain abspeichern, bis zu einem fest vorgeschriebenen Datum zustimmen.

Bei einer „Miner Activated Soft Fork“ liegt die Entscheidung über eine Fork bei den Minern. Diese geben ihre „Stimme“ mithilfe ihrer Rechenpower ab und aktivieren somit die Fork. Diese Signalisierung entsteht, wenn sie auf die vorgeschlagene neue Version der Kryptowährung-Software upgraden. Die Full Nodes können die Änderung dann im Anschluss übernehmen.

Bei einer „Miner Activated Fork“ entscheiden die Miner des Netzwerkes, ob eine Fork durchgeführt wird. Wenn eine 60-prozentige Mehrheit für eine Fork entsteht, wird eine neue Version eingeführt und bei einem höheren Prozentsatz kann sogar eine komplette Spaltung durchgeführt werden.

Um Forks zu vermeiden, werden Smart Rules wie Upgrades, Updates oder die Mining-Difficulty integriert. Die Mining-Difficulty ist z.B. die notwendige Rechengeschwindigkeit beim Proof-of-Work-Konsensus. Grundsätzlich sagt man, je mehr Teilnehmer es in einem System gibt, desto schwieriger wird es für jemand Einzelnen, die Aufgabe zu lösen, um einen Block zu vervollständigen, und die Aufgabe allgemein ist schneller gelöst. Daher wird die Schwierigkeit erhöht, um die Geschwindigkeit über die Teilnehmer neu zu verteilen, damit der Zeitaufwand gleich bleibt, um einen Block zu kreieren.

Abbildung dazu:
https://www.coin.ink/wp-content/uploads/2019/08/soft-hard-fork-unterschied.png

Die Blockchain-Technologie besteht aus insgesamt drei Säulen: Der Blockchain als dezentraler Datenbank, den Smart Contracts für die automatisierten Transaktionen und einem Weg des Konsenses für die Sicherheit. Im Folgenden schauen wir uns nun die Smart Contracts an, bevor wir zu den unterschiedlichen Konsensus-Möglichkeiten übergehen.

## Smart Contracts

Die zweite Säule, die Smart Contracts, sind Verträge, welche per Software-Code geschrieben und in eine bestimmte Blockchain eingebettet sind, wobei die komplette Community deren Ausführung garantiert, sobald ein vorher festgelegtes Ereignis eintritt.

In der Blockchain übernehmen Smart Contracts die Funktion einer neutralen dritten Partei und haben eine eigene Wallet-Adresse für Verträge mit finanziellen Inhalten. Für diese Wallet-Adresse existiert jedoch kein Private Key, sodass niemand Zugang zu diesen Geldern hat.

Im Vergleich zu traditionellen Verträgen enthalten Smart Contracts entsprechend mathematisch hinterlegte vorformulierte Bedingungen, welche keine Subjektivität oder Spielraum für Interpretationen enthalten. Sie verhalten sich also auf vordefinierte Weise, sind transparent und automatisiert. Wenn der FC Bayern München die Champions League gewinnt, also „x“ eintritt, dann erhält Klaus 1.000€, sprich dann passiert direkt „y“.

Vertrauen in einen Smart Contract ist nicht notwendig, da ein Vertrag nur umgesetzt wird, wenn alle vorher definierten Bedingungen eintreten, und durch die Automatisierung gibt es eine erhebliche Zeitersparnis bei der Bearbeitung von Geschäftsprozessen, wodurch hier deutlich geringe Kosten anfallen.

Beteiligungen Dritter wie Makler oder Notare werden dadurch überflüssig und eine Veränderung oder Manipulation ist unmöglich, da sie über das Blockchain-Netzwerk generiert werden. Ebenso ist es unmöglich, dass ein Dokument verloren geht, da die Daten zahlreich dupliziert und gesichert werden.

Nachteilig ist jedoch, dass, sobald ein Smart Contract hochgeladen wurde, dieser unveränderlich ist. Anpassungen können in diesem danach also nicht mehr vorgenommen werden.

Abbildung dazu:
https://production-upload-capitalinside.s3.amazonaws.com/uploads/article_image/image/1213/44b57568-5825-431f-b30d-9a69437b60e3.jpg

Die Kryptowährung Ethereum ermöglicht das dezentrale Ausführen solcher Verträge bereits seit 2015 und benutzt hierfür die sogenannte EVM – Ethereum Virtual Machine. Jeder Teilnehmer hat dabei eine lokale Kopie dieser EVM und der Programmcode des entsprechenden Smart Contracts wird auf die Blockchain geschrieben, welchen jeder Teilnehmer dann in die Kopie seiner EVM übernimmt.

## Konsensmechanismen

Die dritte Säule, der Konsensus, dient der Sicherheit. Konsensus ist die Übereinstimmung darüber, was stimmt, was nicht stimmt, was passiert ist, was nicht und was Realität ist. Die Wahrheit ist entsprechend in der Blockchain dokumentiert.

Die folgenden Konsensmechanismen dienen alle dazu, die auf der Blockchain gespeicherten Informationen ehrlich und korrekt abzubilden. Anstatt sich auf eine zentrale Partei zu verlassen, um sichere Transaktionen mit anderen Nutzern durchzuführen, werden in der Blockchain solche innovativen Konsensmechanismen genutzt. Die Teilnehmer einer Blockchain treffen dabei Entscheidungen in einer demokratischen Art und Weise.

Die beiden gängigsten und am weitesten verbreiteten sind dabei der Proof-of-Work- und der Proof-of-Stake-Konsensalgorithmus.

## Proof of Work

Das Grundprinzip von Proof of Work basiert auf der Idee, dass Miner im Netzwerk nachweisen müssen, dass sie einen gewissen Aufwand aufgebracht haben, um einen Block zu erzeugen. Dies passiert, indem Miner gegeneinander antreten, um ein komplexes mathematisches Rätsel zu lösen, wofür sie dann einen Blockreward erhalten.

Nach Abschluss dieser Aufgabe wird ein Block-Hash für den neuen Block erstellt, welcher aus dem Hash des zuvor gebildeten Blocks besteht. Da alle Teilnehmer des Netzwerks den Algorithmus kennen, können sie prüfen, ob die Lösung korrekt ist und sie eine valide Blockchain besitzen.

Die Schwierigkeit (Difficulty), einen gültigen Hash für den Block zu finden, ist so gewählt, dass etwa alle zehn Minuten ein neuer Block ins Netzwerk gelangt – und damit eine gewisse Anzahl an Coins. Dieser Richtwert wird alle zwei Wochen überprüft. Stellt sich heraus, dass der Richtwert von 2.016 Blöcken in zwei Wochen überschritten wurde, sprich mehr Blöcke als gewollt gefunden wurden, ist die Difficulty zu gering und wird nach oben korrigiert und umgekehrt.

Dies stellt das algorithmische Geldmengenwachstum sicher. Diesen Vorgang bezeichnet man als Mining. Die Miner versuchen dabei, durch Ausführung von Rechenaufgaben ein Ergebnis mit bestimmten Eigenschaften zu finden. Haben sie ein solches Ergebnis getroffen, werden sie mit dem sogenannten Block Subsidy und den Transaktionsgebühren vergütet. Als Maßeinheit dient dabei die sogenannte Hashrate und je mehr Menschen ihre Rechenleistung dem Mining einer Kryptowährung verschreiben, desto höher ist die durchschnittliche Hashrate in den entsprechenden Netzwerken.

Proof of Work sichert außerdem das Netzwerk ab. Angreifer müssten mehr Energie in das Netzwerk speisen, als alle anderen Mining Nodes insgesamt zur Verfügung haben – und dies über einen langen Zeitraum durchhalten. Das ist bei Bitcoin nicht mehr denkbar und finanziell unwirtschaftlich. Proof of Work ist ferner der fairste Mechanismus der Neuverteilung von Geld, den wir kennen. Denn im Gegensatz zu Fiat-Geld können frische Coins nicht aus dem Nichts heraus erzeugt werden, sondern erfordern einen realen Aufwand an Ressourcen.

Einer ihrer größten Nachteile ist jedoch die unglaublich große notwendige Rechenleistung und damit der massive Energieverbrauch, der benötigt wird, um die mathematischen Rätsel zu lösen.

Der bekannteste Coin mit PoW ist Bitcoin.

## Proof of Stake

Beim PoS werden per gewichteter Zufallsauswahl Mitglieder sogenannte Forger im Netzwerk ausgewählt, die den nächsten Block generieren dürfen.

Anstatt der Hash Rate (der Rechenleistung) hängt hier die Wahrscheinlichkeit von der hinterlegten (gestakeden) Menge der Coins ab. Für die Konsensbildung wird ein Zufalls-Algorithmus eingesetzt, der einen Teilnehmer zieht, welcher anschließend das Recht hat, den Block zu minen oder im Fall von PoS zu minten.

Je größer der Anteil an gestakeden Coins, desto wahrscheinlicher ist es, dass dieser User ausgewählt wird, um den nächsten Block zu validieren. Grob betrachtet lässt sich der PoS im Vergleich zu PoW mit einer Aktiengesellschaft vergleichen, denn wer einen größeren Anteil am Unternehmen besitzt, erhält im Normalfall mehr Stimmrechte, die zu Entscheidungen berechtigen.

Baut der Node dann einen gültigen Block im Sinne der Netzwerkregeln, erhält er den Block Subsidy als Entlohnung. Betrügerische Nodes werden indes vom Netzwerk etwa durch das Einfrieren der Stakes abgestraft und verlieren so ihre Coins und ihr Recht zukünftig zu forgen.

Im Gegensatz zum energieverschwenderischen PoW-Verfahren sind die Validatoren nicht auf die Anschaffung teurer Mining-Hardware angewiesen. Dass PoS-Verfahren löst zudem das Blockchain-Trilemma aus Sicherheit, Skalierbarkeit und Dezentralisierung. Ihr Nachteil liegt jedoch in einer vermeintlichen Plutokratie, dass im Netzwerk ein paar Hände voll Nodes darüber entscheiden, welche Transaktionen durchgehen und ob alle Kontostände korrekt sind.

Auch bei Entscheidungen über die Weiterentwicklung des zugrunde liegenden Protokolls gilt: Wer viel hat, hat viel zu sagen. Aus der Abstimmung über eine Soft Fork kann ein Drama werden, weil eine „feindliche Übernahme“ möglich wäre.

Eine weitere Form ist das „Delegated Proof of Stake“ (DPoS), welches auf dem PoS-Konzept aufbaut, aber dabei deutlich demokratischer aufgebaut ist. Das System basiert auf Wählern, Zeugen und Delegierten. Es soll damit energieeffizienter, fairer und schneller sein als Proof-of-Work- und Proof-of-Stake-Modelle.

Der bekannteste PoS Coin ist Solana.

Beim DPoS erhält man für den Besitz des Tokens ein Stimmrecht. Jeder darf dabei seine Stimme für einen Zeugen abgeben, wobei die abgegebenen Stimmen nicht gleichwertig sind. Wer mehr Token besitzt, dessen Stimme zählt mehr. Zeugen sind Nutzer innerhalb des Netzwerkes, die für die Sicherheit verantwortlich sind und die neuen Blöcke validieren. Von den gewählten Zeugen werden dann Personen ausgewählt, die für ihre Arbeit bezahlt werden, und das Wahlsystem läuft kontinuierlich weiter. Wer seine Arbeit vernachlässigt oder gar betrügerisch agieren sollte, kann also auch jederzeit wieder abgewählt werden. Je größer die Community wird, desto schwieriger wird es, sich als Zeuge zu qualifizieren, da es immer mehr Konkurrenz gibt. Neben den Zeugen gibt es außerdem noch Delegierte, die ebenfalls von der Community gewählt werden. Sie sind eine Gruppe von Personen, die für die Wartung des Netzwerkes verantwortlich sind und die Einhaltung der Governance und die Leistung der Blockchain verantworten. Sie können daher als Gesetzgeber betrachtet werden.

Die Delegierten können Vorschläge zur Änderung der Blockgröße oder der Gebühren, die ein Zeuge für seine Arbeit erhält, abgeben. Diese Vorschläge sollen im Idealfall die Leistung der Plattform verbessern. Letztlich werden jedoch die Vorschläge der Gemeinschaft zur Abstimmung vorgelegt.

Ihr Vorteil liegt in der Schnelligkeit sowie der Möglichkeit zu mehr Sicherheit und Integrität der Blockchain. Da die Anzahl an Zeugen und Delegierten begrenzt ist, wird auch die Dezentralisierung eingeschränkt und das Wahlsystem kann eine Sicherheitslücke sein, da Nutzer sich zusammenschließen und Kartelle bilden könnten. Prinzipiell wäre es auch möglich, Wähler zu bestechen und deren Stimmen zu kaufen. Für Geldtransfers mit hohen Geldsummen wäre das System daher zu unsicher.

Bekanntester Coin ist Terra Luna.

## Proof of burn

Der Proof of Burn oder Coin Burn wird häufig als die energieschonende Variante des Proof of Work bezeichnet und, wie der Name vermuten lässt, werden bei diesem Konsensalgorithmus Coins verbrannt. Verbrannte Coins sind unwiderruflich gelöscht und sind für keine Person jemals wieder zugänglich.

Die Grundidee hinter dieser recht radikal wirkenden Maßnahme ist, dass der Miner die Bereitschaft zeigt, kurzfristig einen Verlust in Kauf zu nehmen, um langfristig einen Gewinn zu erzielen. Denn durch das einmalige Verbrennen erhält er ein lebenslanges Anrecht darauf, neue Blöcke generieren zu dürfen. Mit der Anzahl an verbrannten Coins steigt dann die Wahrscheinlichkeit, für den nächsten Block ausgewählt zu werden.

Der PoB eignet sich besonders für die Einführung und Verbreitung neuer Kryptowährungen und verbraucht weniger Energie als Proof of Work und ist somit auch umweltfreundlicher. Ebenso verhindert er eine Monopolisierung durch Mining Pools und ist daher für den einzelnen User fairer.

Als nachteilig lässt sich anführen, dass das Verbrennen von Coins auch als eine Art Verschwendung von Ressourcen betrachtet werden kann und dass diejenigen, die mehr besitzen oder verbrennen können, bessere Chancen haben, mehr zu verdienen. Da es keine Garantie gibt, dass Miner ihren Einsatz wieder einfahren, kann das Verbrennen auch ein riskantes Investment sein.

Die bekannteste Kryptowährung mit diesem Konsensalgorithmus ist Slim Coin.

## Proof of Ownership

Das Proof of Ownership tritt im Vergleich zu den fungiblen Kryptowährungen im Bereich der NFTs (Non fungible Tokens) auf. Diese repräsentieren einmalige Einzelstücke wie beispielsweise digitale Kunstwerke im Blockchain-Netzwerk mit kryptografischem Beweis und nachweisbarer digitaler Knappheit.

NFTs ermöglichen die Tokenisierung von fast allem in der Blockchain. Jedes Datenelement wird bei der Integration in der Blockchain unveränderlich, was bedeutet, dass andere Benutzer keine bereits in der Kette vorhandenen Daten ändern oder anpassen können. Dies stellt den kryptografischen Blockchain-Beweis des Eigentums oder der Authentizität von Daten dar.

Das Einfügen einer Signatur in den Hashs einer Datei in die Blockchain macht die Person mit dem privaten Schlüssel, der mit der Signatur verknüpft ist, zum Eigentümer der Datei in der Blockchain und niemand sonst könnte den Eigentumsbeweis erbringen. Dadurch kann das Eigentum an einem bestimmten physischen oder digitalen Vermögenswert mit einem NFT verknüpft und somit immer einer bestimmten Person zugewiesen werden.

NFTs existieren nur einmal innerhalb der Blockchain und können nicht in kleinere Einzelteile zerlegt werden.

Als bekannteste NFTs gelten die Bored Monkeys.

**Proof of Existence**

Mittels „Proof of Existence“ kann bewiesen werden, dass ein elektronisches Dokument zu einem bestimmten Zeitpunkt in einer bestimmten Form existiert hat und es wird auch der englische Begriff „Notarization“ dafür verwendet.

Dabei wird ein eindeutiger Fingerabdruck eines Dokumentes, der Hashwert, errechnet, in die Blockchain eingebettet und gemeinsam mit einem Zeitstempel unveränderbar protokolliert.

Wenn zu einem späteren Zeitpunkt der Beweis erbracht werden soll, dass das betreffende Dokument zum behaupteten Zeitpunkt bereits existiert hat, wird von dem Dokument erneut der Hashwert berechnet und mit den früheren unveränderbaren gespeicherten Daten verglichen.

Die Blockchain wird so zum Safe des Anwalts, zum Siegel des Notars und zum Archiv des Patentamts. Nur eben dezentral im Internet, fälschungssicher, nicht zensierbar und nahezu kostenlos.

## Proof of Importance

Der POI ist in seiner Funktionsweise in einigen Punkten dem POS sehr ähnlich. Wie beim POS muss ein Nutzer, der einen Knoten betreiben möchte, ebenfalls eine Mindestzahl an Coins in seinem Wallet führen. Im Fall von POS hätte jedoch nun der Stakeholder mit den meisten Coins die größten Chancen, den nächsten Block zu generieren, was bei POI jedoch nur die Grundvoraussetzung ist, um überhaupt in Frage zu kommen. Das System verwendet einen Importance Score, der die Wichtigkeit des Nutzers für das System beurteilt. Je höher dieser Wert ist, desto häufiger kann der Knotenbetreiber zur Erstellung eines neuen Blocks ausgewählt werden.

<u>Dieser Score setzt sich zusammen aus:</u>

Finanzieller Status:
Je mehr Coins und je länger diese gehalten, desto höher der Score. Die Haltedauer wird als Vesting bezeichnet. Kauft ein Nutzer erstmals Coins, dann bezeichnet man diese als unvested und sie werden bei der Bewertung nicht berücksichtigt. Alle 24 Stunden werden 10% dieser unvested Coins in vested Coins umgewandelt und wenn der Nutzer Coins ausgibt, werden unvested und vested Coins im gleichen Verhältnis aus dem Wallet entnommen, damit das Gleichgewicht erhalten bleibt.

Anzahl der Transaktionspartner und Aktivität:
Je mehr Transaktionen der Nutzer mit anderen innerhalb des Netzwerks tätigt, desto besser ist seine Bewertung.

Qualität der Transaktionen in den letzten 30 Tagen:
Neben der Anzahl der Transaktionspartner spielen auch die Qualität und Quantität der einzelnen Transaktionen eine entscheidende Rolle bei der Bewertung der Wichtigkeit eines Nutzers.

Die Anwendung des POI soll den Geldfluss anregen und den Coin zu einem aktiv genutzten Zahlungsmittel machen sowie Chancengleichheit schaffen und das Geld verdienen durch Mining und Staking soll nicht nur den Reichen vorbehalten sein.

Darüber hinaus werden durch diesen Prozess weniger Energie und Ressourcen beansprucht, da Nutzer keine komplexen Rechenaufgaben lösen müssen und auch kein teures Equipment brauchen. Da keine zeitraubende Berechnung nötig ist, können Blöcke außerdem schneller generiert werden.

Eine Schwachstelle ist das fragile Bewertungssystem, da sich Nutzer mit verschiedenen Fake-Accounts ein Netzwerk aufbauen und damit ein Machtmonopol erschaffen könnten.

Der bekannteste POI Coin ist XEM.

### Proof of Authority

Bei dem PoA soll der Konsensus bei der Validierung und Generierung neuer Blöcke für eine Blockchain erreicht werden. Er hilft, vertrauenswürdige Teilnehmer der Blockchain auszuwählen, die dann mit diesen Aufgaben betraut werden. Die Auswahl erfolgt dabei abhängig vom Ruf der Teilnehmer: Je besser der Ruf eines Teilnehmers ist, desto vertrauenswürdiger ist er.

PoA lehnt die Vorstellung ab, dass ein hohes Vermögen mit hoher Vertrauenswürdigkeit gleichzusetzen ist, und Teilnehmer müssen sich mit ihrer Identität als Grundlage hier einem Bewerbungsprozess stellen, wenn sie als Validierer für die Blockchain in Betracht gezogen werden möchten. Im Zuge dieses Bewerbungsprozesses ist es erforderlich, dass der Kandidat seine reale Identität bekannt gibt und zur Prüfung einreicht. Zugelassen wird nur, wer von einer unparteiischen Kommission gemäß eines genormten Auswahlverfahrens als vertrauenswürdig eingestuft wird, und die genauen Kriterien legt dabei jedes System selbst fest.

Die Hürde, in einem System, das mit Proof of Authority arbeitet, als Validierer anerkannt zu werden, ist im Vergleich zu anderen Systemen sehr hoch. Man investiert seinen guten Ruf und die Bekanntgabe seiner Identität in dem System.

## Proof of Capacity

PoC ist ein Mechanismus, bei dem es um die Bereitstellung von Speicherplatz geht, und es wird häufig auch von Proof of Space oder Proof of Storage gesprochen. Entsprechend stellt der Teilnehmer vorübergehend Speicherplatz auf seiner eigenen Festplatte zur Nutzung zur Verfügung.

Das Netzwerk verwendet diesen Speicherplatz, um Teilnehmer Graphen aus Hashes plotten zu lassen. Je mehr Speicherplatz ein Teilnehmer dabei zur Verfügung stellt, desto höher sind seine Chancen, die Generierung des nächsten Blockes vornehmen zu dürfen. Dadurch, dass beim PoC lediglich Daten auf einer Festplatte gespeichert und gelesen werden, ergibt sich ein niedriger Energieverbrauch.

Ein weiterer Vorteil der Methode ist, dass die Einstiegshürde für Miner geringer ist, denn Speicherplatz hingegen findet sich ohnehin auf jedem teilnahmefähigen Gerät, sei es nun ein PC, Laptop oder ein Smartphone.

Die niedrige Einstiegshürde fördert Chancengleichheit unter den Teilnehmern und damit auch die dezentrale Verteilung des Netzwerks. Denn je mehr unterschiedliche Knoten am Netzwerk teilnehmen können, desto weiter wird die Blockchain.

Der wohl bekannteste Coin mit diesem Konsensalgorithmus ist Filecoin.

**Proof of Activity**

PoA ist ein hybrider Konsensmechanismus, welcher sich die Vorteile von PoW und PoS zunutze macht und versucht, die Schwachstellen beider Verfahren zu meiden.

Der Mechanismus durchläuft zwei Phasen, bevor ein vollständiger neuer Block für die Blockchain bereitsteht. In der ersten Phase nutzt er die Vorgehensweise, die bereits aus dem Proof of Work bekannt ist: Miner treten mit ihrer Rechenleistung gegeneinander an und versuchen, ihre Hardware als erste eine komplexe Aufgabe lösen zu lassen, um einen neuen Block für die Blockkette zu generieren.

Sobald dieser Block generiert wurde, geht das System in die zweite Phase über: Jetzt werden, ähnlich wie beim Proof of Stake, zufällig Teilnehmer aus dem Netzwerk ausgewählt. Die Chancen, ausgewählt zu werden, steigen mit der Anzahl der Coins, die ein Teilnehmer in diesem Netzwerk besitzt. Die ausgelosten Personen bekommen dann die Aufgabe, den generierten Block zu überprüfen. Je nach Implementierung müssen sie den Block nur validieren oder auch signieren, um seine Gültigkeit zu bestätigen.

Haben schließlich alle ausgewählten Prüfer den Block signiert oder bestätigt, kann er vervollständigt werden. Der vollständige Block darf nun an die Blockchain angehängt werden.

PoA gilt als besonders sicher, ihr Nachteil sind jedoch ein hoher Stromverbrauch und der Bedarf für leistungsfähige Hardware.

Aktuell nutzen nur die zwei Kryptowährungen Espers und Descred diesen Konsensalgorithmus. Der Grund, weshalb er nicht so verbreitet ist, könnte sein, dass die Umsetzung aufwendig ist.

## Proof of elapsed time

Der PoET gehört zu den eher ungewöhnlichen Konsensalgorithmen. Das von Intel entwickelte Modell soll Ressourcen- und Energieverbrauch deutlich verringern und gleichzeitig für effiziente und faire Abläufe bei der Auswahl der Miner sorgen.

Beim Proof of Elapsed Time wird für jeden teilnehmenden Node innerhalb des Netzwerks eine zufällige Zeitspanne gewählt, die dieser warten muss. Der Node, dessen Wartezeit kürzer ist, gewinnt den neuen Block. Dieser darf dann den neuen Block zur Blockchain hinzufügen und sendet die notwendigen Informationen an alle anderen Knoten innerhalb des Peer-to-Peer-Netzwerks. Dann beginnt der Prozess wieder von vorne.

Wichtig ist hierbei, dass die Wahl der Wartezeit zufällig sein muss, denn sonst könnten die Teilnehmer bewusst eine besonders kurze Zeit wählen, um ihre Chancen auf den neuen Block zu erhöhen. Außerdem muss nachvollziehbar sein, dass der Knotenbetreiber auch tatsächlich die entsprechende Wartezeit eingehalten hat.

Diese Punkte werden durch zwei Funktionen eingehalten. Zum einen sorgt die Funktion CreateTimer dafür, dass die Wartezeit zufällig zugeordnet wird. Die zweite Funktion lautet CheckTimer und sie überprüft, ob der Nutzer die Wartezeit eingehalten hat und damit berechtigt ist, den neuen Block anzuhängen.

Derzeit gibt es keine Kryptowährung, die den Proof of Elapsed Time als Konsensalgorithmus verwendet, und der Hauptgrund dafür liegt sicher darin, dass es für diesen Algorithmus erforderlich ist, Intel zu vertrauen. Das wiederum entspricht nicht der Grundidee einer Kryptowährung, die ohne eine monopolisierte Dritte Partei auskommen sollte.

## Proof of History

PoH stellt sicher, dass eine Blockchain sehr schnell ist, und hält gleichzeitig ihre Sicherheit dezentral.

Durch die Eingabe einer bestimmten Hashfunktion erzeugt man eine eindeutige Ausgabe und verwendet sie als Eingabe für den nächsten Hash. Die Abfolge der Transaktionen ist jetzt in die gehashte Ausgabe eingebaut und erzeugt eine lange, ununterbrochene Kette von gehashten Transaktionen. Diese Eigenschaft schafft eine klare, überprüfbare geschichtliche Abfolge von Transaktionen, die ein Validator zu einem Block hinzufügt, ohne dass ein herkömmlicher Zeitstempel erforderlich ist.

Anstatt dem Zeitstempel zu vertrauen, lässt sich also beweisen, dass etwas irgendwann vor und nach einem Ereignis aufgetreten ist. Wenn man zum Beispiel ein Foto mit dem Cover der BILD-Zeitung macht, schafft man einen Beweis dafür, dass das Foto aufgenommen wurde, nachdem diese Zeitung veröffentlicht wurde. Mit Proof of History kann man also eine historische Aufzeichnung erstellen, die beweist, dass ein Ereignis zu einem bestimmten Zeitpunkt stattgefunden hat.

Federführend ist hier Solana.

## Practical Byzantine Fault Tolerance

PBFT ist ein Konsensmechanismus, der unter anderem bei der Validierung neuer Blöcke für eine Blockchain-Anwendung genutzt wird, und verwendet in der Regel Teilnehmer mit registrierten Identitäten sowie redundante Abstimmungen für die Validierung neuer Blöcke, sodass Angreifer eine relativ hohe Einstiegshürde haben und schnell auffliegen.

Die PBFT ist ein Ansatz, bei dem man davon ausgeht, dass nicht unbedingt alle Nachrichten, die innerhalb eines Systems versendet werden, frei von Fehlern sind. Diese Fehler können bewusst manipulierte und fehlerhafte Nachrichten sein.

Es ist Teil der Practical Byzantine Fault Tolerance, dass die Teilnehmer mit einer realen, vertrauenswürdigen Identität verknüpft werden. Hierfür kann die Identität der Teilnehmer auch fest an einer zentralen Stelle registriert sein, sodass Identitäten und Transaktionen exakt verfolgt werden können. Durch das Registrieren einer echten Identität steigt die Hemmschwelle, bewusst manipulierte Informationen in das System einzubringen. Es wird davon ausgegangen, dass die Teilnehmer nicht ihren Ruf aufs Spiel setzen möchten, um manipulierte Nachrichten zu versenden, die zu ihnen zurückverfolgt werden können.

Sie nutzt darüber hinaus redundante Abfragen, um das System robuster zu gestalten und realisiert dies für auf Blockchain basierenden Systemen, indem die Validierung bzw. die Genehmigung über das Anhängen eines neuen Blocks als Abstimmungsverfahren mit mehreren Runden abläuft. Im Netzwerk gibt es auserwählte Personen, welche zum Validieren neuer Blöcke berechtigt sind, und jeder dieser Teilnehmer hat pro Runde eine Stimme. Damit wählt er einen von mehreren zur Wahl stehenden Blöcken, nämlich den, den er als valide betrachtet. Nachdem die Abstimmung ihre vorgeschriebenen Runden durchlaufen hat, bildet sich ein Konsens darüber, welcher Block von den Validatoren als gültig erachtet wurde. Dieser Block darf anschließend Teil der Blockchain werden. Durch das wiederholte Abfragen sollen verloren gegangene oder manipulierte Stimmen auffallen. Oder, anders ausgedrückt, es kann ein gewisser Anteil an Fehlern toleriert werden, da sich in der Gesamtsumme dennoch ein vertrauenswürdiger Konsens abzeichnet.

Allgemein ist der Ansatz vor allem dort praktisch, wo es um nachvollziehbare Transaktionen und Handlungen geht, z. B. innerhalb einer Firma oder einer Organisation.

## Federated Byzantine Agreement

Federated Byzantine Agreement (FBA) ist ein Konsensmechanismus, welcher die Vorteile der Practical Byzantine Fault Tolerance nutzt, das System aber offener gestaltet, und baut auf dem gegenseitigen Vertrauen der Teilnehmer auf. Zur Validierung berechtigte Nodes führen dabei voneinander unabhängige Listen mit denjenigen Nodes, welche sie für zuverlässig halten, und versuchen dadurch die Konsensfindung dezentraler zu gestalten sowie die Angreifbarkeit zu erschweren.

Diese einzelnen Listen werden dann zu einer großen Liste zusammengeführt, was zum einen die Verwaltung des Systems und zum anderen neuen Validierern den Einstieg erleichtert, sofern diese einen Teilnehmer aus dem Netzwerk finden, welcher sie auf seine Liste mit vertrauenswürdigen Personen setzen möchte. Darüber hinaus ist es jederzeit möglich, dass sich einzelne Validierer eigenständig aus dem Netzwerk zurückziehen können.

Grob vorstellen könnte man sich die einzelnen Nodes als europäische Staaten und als große Liste die EU, welche vertrauenswürdige Staaten in den Verbund mit aufnimmt.

All diese Eigenschaften würden auf der einen Seite für eine Systemmanipulation einen unverhältnismäßig hohen Aufwand bedeuten, wobei für die hohe Integrität des Netzwerks mit aufwendigen Algorithmen gearbeitet wird, was auf der anderen Seite zu einer etwas niedrigeren Performance des Konsensmechanismus führt.

## Blockchain-Analyse

### Stärken

#### Dezentralisierung

Einen klaren Vorteil bietet die grundlegende Eigenschaft der Dezentralisierung. Es gibt keinen zentralen Verantwortlichen über das Netzwerk, sondern alle Teilnehmer sind gleichberechtigt. Die Datenbank ist verteilt, sodass jeder Teilnehmer stets eine synchronisierte, aktuelle Version der Daten besitzt.

#### Redundanz

Es gibt einen Überfluss an gespeicherten Informationen und Daten, welche einmal kreiert nicht mehr vernichtet werden können. Diese lassen sich weltweit verteilen und sind vor jeder Katastrophe wie Erdbeben oder ähnlichem sicher, wobei auch ein zentrales Cloudsystem dieses Problem lösen könnte.

#### Unveränderbarkeit & Sicherheit

Aufgrund von sicheren Verschlüsselungsmethoden ist ein weiterer großer Vorteil die Manipulationssicherheit. Fälschungssichere mathematische Verfahren machen die Daten in der Blockchain zuverlässig und vertrauenswürdig. Jede unautorisierte Änderung im Netzwerk wird direkt offengelegt, sodass man sich der Richtigkeit absolut sicher sein kann.

Durch die Datenspeicherung über den Konsensus-Mechanismus entstehen außerdem Kosten, was heißt, dass zur Veränderung der Daten die gleichen Kosten erneut aufgenommen werden müssen. Durch die kryptografische Verknüpfung der Blöcke müsste man zur Veränderung alter Daten also mehrere Blöcke austauschen, was die Kosten für einen solchen Prozess deutlich höher werden lässt als den Wert der Information, welche man ändern möchte. Auf Bitcoin würde die Änderung tagealter Informationen schnell Milliarden kosten. Dies ist der Grund, warum wir von Unveränderbarkeit sprechen.

Bei der Sicherheit ist es aber zu beachten, dass es verschiedene Möglichkeiten gibt, eine Blockchain zu attackieren:

### Denial of Service und Flood-Angriff

Denial of Service bedeutet etwas unzugänglich machen oder außer Betrieb setzen. Bei DoS-Attacken werden Server entsprechend gezielt über vernetzte Systemattacken mit so vielen Anfragen bombardiert, dass das System die Aufgaben nicht mehr bewältigen kann, langsamer wird und im schlimmsten Fall zusammenbricht. Dadurch wird das System für eine bestimmte Zeit für normale Anfragen außer Gefecht gesetzt und stellt sein System manchmal sogar vorübergehend ein.

Der Flood-Angriff ist analog zu dem DoS Angriff, nur dass dieser im Krypto-Ökosystem stattfindet. Entsprechend wird hier die Blockchain mit Transaktionsanfragen überschwemmt und dadurch überlastet.

### Sybil-Angriff

Der Begriff „Sybil" kommt aus dem gleichnamigen Roman „SYBIL" von Judith Donath. Dort litt die Hauptfigur Sybil Dorsett unter einer multiplen Identitätsstörung und da sich dieses Krankheitsbild auf diese Art von Cyber-Angriff übertragen lässt, wurde dieser Sybil-Angriff getauft.

Bei einer Sybil-Attacke vervielfacht der Angreifer daher böswillig Netzwerkknoten und schafft sich mehrere Identitäten, um die Mehrheit im Netzwerk zu erlangen und umso an Entscheidungskraft zu gewinnen mit dem Ziel den demokratischen Konsens zu beeinflussen.

Um Sybil-Angriffe zu verhindern, muss das Netzwerk überprüfen, ob alle Knoten vertrauenswürdig handeln und nur eine Stimme wiedergeben. Also muss ein Knoten beweisen, dass er ein echter Teilnehmer ist, und überprüft, ob dieser die nötigen Ressourcen besitzt, um einen Block zu generieren.

Dies kann, wie beispielsweise bei Bitcoin, über einen Arbeitsnachweis (sogenanntes Proof-Of-Work) ablaufen. Alternativ kann der nächste Blockproduzent über das Proof-Of-Stake bestimmt werden.

Da viel an interner Währung oder Arbeitsleistung als Gegenleistung hinterlegt werden muss, macht dies eine Sybil-Attacke sehr teuer und verhindert diese.

51% Attacke

Ein „51%-Angriff“ tritt ein, wenn ein einzelner Miner oder eine einzelne Gruppe von Minern genug Hash-Power für eine mehrheitliche Kontrolle über eine Blockchain am Proof of Work-Konsensus übernimmt.

Dadurch hätte dieser die Möglichkeit, Coins doppelt auszugeben. Ebenso könnten diese versuchen, den aktuellen Block als Grundlage heranzuziehen, den nächsten Block zu schürfen und neu geschürfte Blöcke zurückzuhalten.

Bei der Veröffentlichung des neuen Blocks überholt die Kette der Angreifer dann die ursprüngliche Kette, lässt alle Transaktionen seit der entstandenen Abspaltung aus und sabotiert folglich die Unveränderlichkeit des Netzwerks (Möglichkeit des „Double Spendings“). Außerdem könnten auch Bitcoin-Adressen blockiert und von anderen Netzwerkteilnehmern geschürfte Blöcke abgelehnt werden.

Im Fall von Bitcoin ist es aufgrund seiner Größe und Hashrate unwahrscheinlich, dass ein solcher Angriff auf das Netzwerk durchgeführt wird, denn die Kosten dafür würden sich schätzungsweise auf etwas mehr als 15 Milliarden US-Dollar belaufen. Viele Altcoins jedoch sind weitaus mehr gefährdet.

**Privatsphäre**

Die Konten innerhalb einer Blockchain werden anonymisiert und jedes Konto verfügt über eine eigene Adresse, welche aus einer Abfolge von Zahlen und Buchstaben besteht. Auf diese Weise kann zwar jeder jedes Konto betrachten und sehen, wie viel Geld auf das Konto überwiesen wird, wie viel Geld von diesem Konto überwiesen wird und wie der aktuelle Kontostand aussieht, aber das Konto kann keiner realen Person zugewiesen werden. Die Verwendung einer Blockchain erfolgt in der Regel anonym.

Die Anonymität der Nutzer der Blockchain wird allerdings aufgehoben, wenn die öffentliche Adresse einem Namen zugeordnet werden kann. Ist dies der Fall, so lassen sich von der öffentlichen Adresse alle weiteren Transaktionen der Person einsehen und die Anonymität weicht der Pseudonymität.

Oft wird behauptet, dass Blockchains aufgrund der erhöhten Privatsphäre für illegale Zwecke genutzt werden. Das Gegenteil ist jedoch der Fall und aufgrund der Transparenz und Dokumentation lassen sich Straftaten sogar nachweisen und beweisen.

**Transparenz und Vertrauen**

Da Blockchain ein verteiltes Register verwendet, werden Transaktionen und Daten an mehreren Orten identisch aufgezeichnet. Alle Netzwerkteilnehmer, die über eine Zugangsberechtigung verfügen, sehen dieselben Informationen zur gleichen Zeit und erhalten so volle Transparenz. Dies ermöglicht es den Mitgliedern, die gesamte Historie einer Transaktion einzusehen, und eliminiert praktisch jede Betrugsmöglichkeit.

**Kompatibilität**

Verschiedene Blockchains sind kompatibel zueinander und können untereinander kommunizieren. Dadurch können Schnittstellen und Mittelsmänner umgangen werden und Prozesse automatisiert abgebildet werden (Verifizierungen).

**Direkte Transaktionen**

Die Blockchain ermöglicht direkte Transaktionen unter den Teilnehmern, ohne dass eine dritte Instanz dazwischengeschaltet werden muss. Insbesondere in Regionen, in welchen die Infrastruktur noch nicht so weit entwickelt ist oder viel Korruption vorherrscht, ist diese Technologie äußerst attraktiv. Durch die fehlende Drittpartei reduzieren sich die Kosten und die Abwicklungsgeschwindigkeit erhöht sich.

**Optimierte Geschäftsprozesse**

In der IT, Finance, der Verwaltung und vielen Bereichen von Unternehmen lassen sich Geschäftsprozesse optimieren. Schnellere Abläufe und höhere Qualität bei geringeren Kosten sind so durchaus realisierbar. Die Blockchain ermöglicht einfaches Tracking in Logistik- und Produktionsprozessen. Schwachstellen in Lieferketten werden automatisch aufgedeckt. Mittels dieser Technologie lassen sich unternehmensübergreifende Analysen von Daten durchführen. Dadurch erhalten Verantwortliche im Unternehmen genauere Einblicke in die Marktlage und können bessere Entscheidungen treffen.

**Anti-Diskriminierung**

Eine Blockchain ist grundsätzlich so aufgebaut, dass es keine Zugangsbeschränkungen gibt. Eine Ausgrenzung hinsichtlich Alter, Geschlecht, Rasse, Staatszugehörigkeit oder ethnischer Herkunft findet nicht statt und jeder Teilnehmer ist gleichgestellt.

**Ausfallsicherheit**

Die dezentrale Datenhaltung mit unzähligen Replikationen bei allen Teilnehmern des Netzwerks führt zu einer massiven Ausfallsicherheit und schützt vor Ausfällen und Datenverlusten.

## Schwächen

### Nicht beliebig skalierbar

Noch ist die Blockchain-Technologie nicht beliebig skalierbar, da jeder Node dieselbe digitale Kopie abspeichern muss, was zu einer Limitierung der Updates in einem bestimmten Zeitfenster führt. Würde man mit den Bitcoins ebenso viele Transaktionen tätigen, wie sie über Visa laufen, würden Daten mit Hunderten von Terabyte anfallen. So eine große Datenkapazität ist heutzutage für den Normalverbraucher nicht realistisch. Mit jedem Block wächst die Blockchain und damit der Speicheraufwand und mit den steigenden Volumina wird die Internetverbindung stärker belastet, was heißt, dass technische Voraussetzungen bei den Nodes hoch und gleich sein müssten. In der Regel geht eine höhere Skalierbarkeit mit dem Verlust der Dezentralität und/oder der Sicherheit einher.

Mögliche Lösungsansätze sind:

Verzicht auf die Skalierung einzelner Blockketten in der Hoffnung, dass die Benutzer viele verschiedene „Altcoins“ verwenden. Dies würde den Durchsatz erheblich erhöhen, geht aber in gleichem Faktor zu Lasten der Sicherheit.

Die zweite Möglichkeit ist es, die Blockgröße, auch in Form von Merge-Mining, dem gleichzeitigen Minen von zwei Kryptowährungen, zu erhöhen. Dieser Ansatz hat aber seine Grenzen, denn je größer der Block, desto wahrscheinlicher ist es, dass es zu Ausfällen kommt und das Netzwerk sich auf eine sehr kleine Anzahl von Supercomputern verlassen wird. Dies geht dann mit einem erhöhten Risiko an Zentralisierung einher.

Solana hat hier jedoch einen Weg mit einer Kombination aus PoS und PoH gefunden, um Durchsatz und Skalierbarkeit zu erhöhen. So unterstützt das System theoretisch 50.000 Transaktionen pro Sekunde und kommt in der Realität an die gleichen Werte, welche auch VISA vorweisen kann. Die Geschwindigkeit von Solana ist etwa 10.000-mal schneller als bei Bitcoin.

Eine dritte Möglichkeit sind Layer-2-Zahlunsprotokolle von Drittanbietern, welche auf der Blockchain aufsetzen und dieser hinzugefügt werden, um die Anzahl der Nodes und damit den Systemdurchsatz zu erhöhen. Derzeit erweisen sie sich auch als effektivster Ansatz zur Lösung des Skalierbarkeitsproblems, insbesondere in Proof-of-Work-Netzwerken.

Insgesamt gibt es vier Layer, welche ich kurz erklären möchte:

Der Blockchain-Layer 0 besteht aus Komponenten, die dazu beitragen die Blockchain zu realisieren. Es ist die Technologie, welche Ethereum, Bitcoin und andere erst zum Funktionieren bringt, und besteht aus Internet und notwendiger Hardware.

Das Layer 1-Protokoll ist der Basis-Layer, dessen Sicherheit auf deren Unveränderbarkeit beruht. Das Ethereum-Netzwerk ist das, was Menschen mit dem Begriff Ethereum bezeichnen. Er ist für die Konsensprozesse (Proof-of-Work), die Programmiersprachen, die Blockzeit, die Beilegung von Streitigkeiten, die Regeln und die Parameter, welche die Funktionalität des Netzwerks gewährleisten, zuständig. Sie wird auch als Implementierungs-Layer bezeichnet und Bitcoin ist ebenso ein Beispiel für ein Layer-1-Protokoll. Mit der wachsenden Zahl von Blockchain-

Nutzern reicht der erste Layer aufgrund der begrenzten Skalierungsmöglichkeit nicht mehr aus. Als eine Lösung auf dem ersten Layer wurde NEAR mit dem Sharding entwickelt, um das Skalierbarkeitsproblem nicht zu Lasten der Sicherheit oder Dezentralisierung zu lösen.

Beim Ethereum-Sharding teilen Nutzer das Netzwerks in eine Reihe von Partitionen, sogenannte Shards auf, welche ein eigenes, unabhängiges Stück Transaktionsgeschichte enthalten. In diesem System würden Nodes Transaktionen nur für bestimmte Shards verarbeiten, sodass der Durchsatz von Transaktionen, die insgesamt über alle Shards hinweg verarbeitet werden, viel höher ist, als wenn ein einziger Shard die gesamte Arbeit erledigt, wie es die Hauptkette jetzt tut.

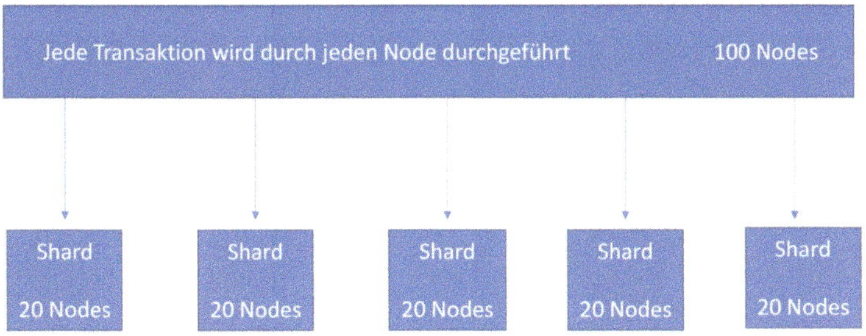


Beim Sharding gibt es Nodes, die Kollatoren genannt werden, welche die Transaktionen auf Shard akzeptieren und Zusammenschlüsse, sogenannte Kollationen, erstellen, um einen Block zu generieren. Beim Ethereum-Sharding müssen für die Blockgültigkeit darüber hinaus verschiedene Vorgaben erfüllt werden und es gibt unterschiedliche Ebenen in den Nodes (Super-Full Node, Top-Level-Node, Single-Shard-Node und Light Node).

Layer-2-Protokolle sind wiederum auf dem Basis-Layer aufbauende Protokolle, wie zum Beispiel verschachtelte Blockchain, State Channel und Side Chains.

Bei der verschachtelten Blockchain legt der Layer 1 die wesentlichen Einstellungen fest, während der zweite Layer die Verfahren durchführt. Auf einer einzigen Haupt-Blockchain kann es mehrere Blockchain-Layer geben. Man kann es wie eine Unternehmensstruktur betrachten, wo nicht ein einzelner Manager die Arbeit erledigt, sondern auf andere delegiert, die dann Bericht erstatten. Dadurch wird die Belastung des Managers gesenkt und dessen Skalierbarkeit erhöht.

Die Side Chain ist eine Transaktionskette, welche neben der Blockchain läuft und für Massentransaktionen verwendet wird. Sie haben ihre eigene von der Haupt-Blockchain unabhängige Konsensmethode, welche für die Geschwindigkeit und Skalierbarkeit angepasst werden kann. Die Haupt-Blockchain hat die Aufgabe, die Sicherheit aufrechtzuerhalten, Transaktionsdatensätze zu bestätigen und Streitigkeiten beizulegen. Der Unterschied zu State Channels ist, dass Sidechain-Transaktionen nicht privat zwischen den Teilnehmern, sondern für jeden einsehbar im Ledger veröffentlicht werden. Außerdem haben Sicherheitsverletzungen auf der Sidechain keine Auswirkungen auf die Hauptkette oder andere Sidechains. Da die Infrastruktur in der Regel von Grund auf neu aufgebaut wird, kann die Einrichtung einer Sidechain jedoch viel Arbeit erfordern.

Ein State Channel ermöglicht die Zwei-Wege-Kommunikation zwischen einer Blockchain und Off-Chain-Transaktionskanälen, was das Transaktionsvolumen und die Geschwindigkeit erhöht. Bekannte Beispiele für ein State-Channel sind das Liquid, das Lightning und das Raiden Network.

Sofortige kostengünstige Transaktionen für Bitcoin – das ist das Versprechen des Bitcoin Lightning Network. Während die Bitcoin Blockchain etwa sieben Transaktionen pro Sekunde abwickeln kann, ist es möglich, mit dem Lightning Network bis zu 1.000.000 Transaktionen pro Sekunde innerhalb eines Kanals abzuwickeln.

Es ist ein Protokoll, welches off-Chain arbeitet und das die Technologie von Bitcoin und der Bitcoin Blockchain erweitert. Das Lightning Network verwendet spezielle Zahlungskanäle (Payment Channels), die eine große Anzahl von Bitcoin-Zahlungen abseits der Blockchain auslagern. Dadurch müssen die Transaktionen innerhalb des Zahlungskanals nicht auf den Layer-1-Blockchain geschrieben werden, sondern werden im Kanal verwaltet. Dadurch entstehen wesentliche Verbesserungen, die sehr kostengünstige und schnelle weltweite Transaktionen für Bitcoin, unter anderem auch Micropayments, also Kleinstzahlungen, ermöglichen.

Das Lightning Network verwendet sogenannte Bidirectional Price Channels und diese entfalten ihr wahres Potential durch die Verbindung untereinander zu einem globalen Netzwerk. Sollte jemand anderes als Partei A und B den Zahlungskanal mitnutzen wollen, so ist das möglich und durch die Verkettung vieler Parteien mit Peers und Micropayment-Kanälen lässt sich so ein Netz von Transaktionswegen schaffen. Die entsprechend verbundenen bidirektionalen Zahlungskanäle leiten Transaktionen wie ein Blitz weiter, daher der Name Lightning Network.

Um das Lightning Network nutzen zu können, benötigen Anwender aber nicht nur ein Wallet für Bitcoin, sondern auch ein Wallet für Lightning. Gleichzeitig müssen diese Wallets so verknüpft sein, dass zwischen Wallet und Lightning Wallet Transaktionen möglich sind. Das macht es für Anwender nicht einfacher, Bitcoins zu nutzen. Dazu kommt der Aufwand zum Öffnen von neuen Zahlungskanälen und die Benutzerunfreundlichkeit.

Abbildung dazu:
https://theblockpro.com/cryptocurrency/bitcoin/lightning-network-beta-launched-bitcoin-mainnet-first-time/

Das Raiden Network ist grundsätzlich nichts anderes als das Lightning Network von Ethereum und das Liquid Network ist eine ähnliche Form. Beim Liquid Network handelt es sich jedoch um sogenannte föderierte Sidechains und man nutzt diese, um darauf mittlere und kleinere Transaktionen zu verifizieren, damit die Blockchain nicht mit vielen, sondern eher mit den großen Transaktionen belastet wird.

Das Netzwerk dieser föderierten Sidechains wird von einem Konsortium von sich untereinander vertrauenden Nodes betrieben und ist damit nicht wirklich dezentral, da man als Mitglied in diesem Konsortium zugelassen werden muss. Diese sich vertrauenden Nodes werden als Mitglieder bezeichnet und wandeln für den Nutzer Bitcoins in Liquid-Bitcoins im gedeckten 1:1-Verhältnis um. Die

Summe in Form von Bitcoins wird dann eingefroren und so lange verwahrt, bis sie wieder zurückgetauscht werden. Da es ein föderiertes System ist, sind keine mehrfachen Bestätigungen einer Transaktion und auch keine Miner mehr nötig, was die Schnelligkeit erhöht.

Smart Contracts, DApps und Chain-Code bilden die Layer-3-Blockchain und den sogenannten Anwendungs-Layer. Sie umfassen die Programme, welche die Endnutzer zur Kommunikation mit dem Blockchain-Netzwerk verwenden. Skripte und Programmierschnittstellen, Benutzeroberfläche und Frameworks gehören ebenfalls hier hinzu. Sie verleihen den Blockchains ihre praktische Anwendbarkeit.

**Risiko von Spaltungen**

Der große Vorteil der Dezentralisierung bringt leider einen Nachteil mit sich. Da es keine zentrale, allein entscheidende Instanz mehr gibt, sondern alle gleichermaßen berechtigt sind, kann es zu Spaltungen kommen. Wird ein Software-Update notwendig, das ein Teil des Netzwerks jedoch ablehnt, entzweit sich die Blockchain und wird zu zwei unabhängigen Netzwerken mit derselben Historie.

**Kosten**

Damit die Unveränderlichkeit von Dateneinträgen gewährleistet ist, muss diese Arbeit in Form von Transaktionsgebühren oder Mining immer etwas kosten und diese Kosten liegen oft über denen für ein zentrales System. Ferner können zentrale Systeme auch kostenfrei anbieten oder die

Kosten in Richtung Null senken, was dezentrale Systeme nicht können.

**Nutzerunfreundlichkeit**

Im Fokus der Technologie steht die Lösung eines technischen Problems und selten die Anwenderfreundlichkeit. Darüber hinaus sind die Sicherung des Private Keys, das damit einhergehende Verlustproblem für Kunden und Anbieter und das Vererben von Informationen oder Geldern für Kunden ein weiteres Übel, da dies bei zentralen Anwendungen insbesondere durch einen vorhandenen Kundensupport deutlich einfacher gestaltet ist. Die entsprechend hohe Eigenverantwortung bei den Nutzern ist hier daher ebenso aufzuführen.

Da sich die Blockchain-Technologie noch in den Anfangsjahren befindet, wird sich hier aber auf jeden Fall noch einiges weiterentwickeln und er werden ganz sicher einige Firmen in der Zukunft mit schlauen Ideen und Lösungen aufwarten.

**Herausforderung für bestehende IT-Landschaft**

Die Blockchain in die bestehende IT-Landschaft im Unternehmen einzubinden, stellt derzeit noch eine Herausforderung dar. Darüber hinaus ist es möglich, dass End User die Technologie nicht akzeptieren und die hohen Initialkosten abschreckend wirken.

**Transparenz**

Dieser Vorteil kann auch ein Nachteil sein. Andere erhalten problemlos Einsicht in andere Transaktionshistorien und Wettbewerber sehen Details wie Preise.

**Stromverbrauch**

Das Minen im Proof-of-Work-Konsensus erfordert viel Rechenleistung. Miner im Netzwerk des Bitcoins führen 450 Billiarden Lösungen pro Sekunde durch, um Transaktionen zu validieren. Dies führt zu einem unvorstellbaren Stromverbrauch mit Kosten in Höhe von mehreren Millionen Euro pro Tag. So verbraucht Island inzwischen die Hälfte seines Stroms nur für das Mining und all dies ruft natürlich Umweltschützer auf den Plan.

Die weitere Entwicklung von bestehenden oder das Einführen neuer Konsensmechanismen könnten dieses Problem in der Zukunft jedoch deutlich minimieren.

**Manipulationen und Starrheit**

Obwohl das Netzwerk verteilt auf tausende von Usern ist, besteht ein Restrisiko der Manipulation. Gewinnt ein Teilnehmer über krumme Wege die Kontrolle über 51% der Teilnehmer-Knoten oder der Rechenleistung für das Mining, ist diese Person in der Lage, eine alternative Transaktionshistorie zu verfassen und dadurch anderen Teilnehmern Schaden zuzufügen.

Außerdem ist es auch, schwer Upgrades zu integrieren, da hier ebenfalls die Mehrheit der Community zustimmen muss. Dadurch besteht die Gefahr, dass erfolgreiche Blockchains auf diese Weise den technologischen Fortschritt verpassen und sozusagen wortwörtlich veralten.

## Gefahren für die Blockchain

### Hype & Skandale

Ein Hype ist dadurch erkennbar, dass alle Unternehmen versuchen auf das Thema Blockchain aufzuspringen und über Marketingstrategien kurzfristig zusätzlichen Profit zu generieren.

Ein solches Fehlverhalten von Firmen und Organisationen könnte sich durch Publizierung in den Medien natürlich negativ auswirken und ein schlechtes Licht auf die Blockchain werfen.

Genauso gut könnten aber auch in Zukunft Hacks einer Blockchain die ganze Technologie in Frage stellen oder der Missbrauch zu Straftaten das Vertrauen in die Blockchain nachhaltig beeinträchtigen.

### Regulierung

Die Blockchain als Technologie unterliegt keiner staatlichen Regulierung. Und auch Kryptowährungen sind in weiten Teilen der Welt frei von Regularien oder Kontrolle durch dritte Instanzen. Doch bei der Frage nach den Unterschieden der Blockchain-Regulierung geht es um die Bemühungen von Zentralbanken, Regierungen und staatlichen Finanzaufsichten, den Handel mit Krypto-Assets zu überwachen, zu steuern und zu kontrollieren. Auf der anderen Seite lieben Banken und Aufsichtsbehörden Transparenz, Übersichtlichkeit und Geschwindigkeit.

Ein mögliches Blockchain-Verbot in einem Staat könnte außerdem gegebenenfalls zur Abwanderung von Fachkräften oder einem Einbruch der Wirtschaft führen und Blockchain-Befürworter arbeiten stetig daran, diese Gefahr so gut wie möglich einzudämmen.

Blockchain Regulierung Vergleich USA und EU

Seit Anfang 2020 sind in Deutschland Handelsgeschäfte mit digitalen Vermögenswerten durch die BaFin kontrolliert. Damit hatte das Bundesministerium die von der EU-Kommission geforderten Regelungen überschritten, doch dort sieht man sich jetzt zu weiteren Maßnahmen gezwungen. Wohl auch, weil die Zahl der Handelsplätze und die Nachfrage nach digitalen Vermögenswerten auch wegen eines steigenden Präsenz der dezentralen Finanzen, sprich des DeFi-Sektors, regelrecht nach einer neuen Verordnung zur Blockchain-Regulierung schreit.

Der Rechtsrahmen in Deutschland gilt als vorbildlich innerhalb der EU, doch die Überlegungen zur Schaffung eines einheitlichen und damit EU-weiten Regelungskonzeptes für digitale Werte sind inzwischen konkreter. Bei der Blockchain-Regulierung sind vor allem die fehlenden Vermittler Anlass zu weiteren Einschränkungen durch staatliche Behörden oder Instanzen, denn die Zentralbanken sind besorgt über die positive Entwicklung der weitaus effizienteren digitalen Transaktionen.

Eine skalierbare, zugängliche Plattform für digitale Vermögenswerte und digitales Zentralbankengeld. So lautet die Vision einer Zukunft von Blockchain-basierten Systemen. Um aber Rechtssicherheit für Unternehmen zu bieten, den Anlegerschutz zu gewährleisten und vor allem kriminelle Handhabungen zu verhindern, soll innerhalb der EU eine einheitliche Rechtsverordnung kommen.

So stimmt das EU-Parlament aktuell über die sogenannte Transfer-of-Funds-Regulation ab. Dieses schreibt Krypto-Dienstleistern strenge Anti-Geldwäschemaßnahmen bei der Transaktion von Kryptowerten von oder an sogenannte unhosted Wallets vor. So müssen Anbieter künftig aufwendige Erfassungs- und Verifizierungsverfahren von Transaktionsdaten einführen und ab einem Volumen von 1.000 Euro mit zuständigen Behörden teilen. Außerdem dürfen Anbieter von Krypto-Transaktionen künftig keinen Transfers von Kryptowerten von oder an non-compliant Anbieter von Krypto-Transfers ermöglichen.

EZB oder US-FED – Wer hat Nase vorn?

Während innerhalb der EU jedoch noch keine einheitliche Marschrichtung festzustellen ist, sind andere Länder einen Schritt weiter und haben erkannt, dass die dezentralen Technologien ein großartiges Innovationspotenzial bereithalten, das Staaten und öffentliche Verwaltungen effizienter werden lassen könnte.

Außerdem ist auf den weltweiten Finanzmärkten ein regelrechter Wettlauf um die Vorherrschaft auf dem Krypto-Sektor entbrannt. Im Fokus fast täglicher Meldungen aus aller Welt, ist auch CBDC, Central Bank Digital Currency, ein digitales Zentralbankgeld wie beispielsweise ein digitaler Euro auf Blockchain-Basis. In China arbeitet man bereits sehr intensiv an dem digitalen Yuan, einem staatlichen Zentralbankgeld. Das bringt die US-Zentralbank natürlich unter Zugzwang und so lässt Joe Biden aktuell eine entsprechende Einführung prüfen. US-Zentralbankchef Jerome Powell hat zu den Plänen einer digitalen Währung bereits seine Zustimmung signalisiert. Der außenpolitische

Zwang ist groß und derzeit liegt das Reich der Mitte meilenweit vor den USA.

Die Ziele der Notenbanken durch CBDCs liegen auf der Hand und reichen von der Umgehung des langsamen und ineffektiven Geschäftsbankensystems über die Gewährung des Zugangs zu Finanzdienstleistungen für die komplette Weltbevölkerung bis hin zur Zentralisierung des Geldsystems und der Guthabensteuerung der Bürger.

**Quantencomputer**

Theoretisch besteht die Gefahr, das solche Computer irgendwann ausgehend vom Public Key den Private Key errechnen können, wobei dies eine Gefahr für die komplette digitale Welt und ihre Verschlüsselungssysteme wäre.

Die Verschlüsselung in der Blockchain greift derzeit vor allem auf kryptografische Verfahren zurück, die auf Basis von mathematischen Berechnungen umgesetzt werden. Quantencomputer sind zwar derzeit noch in der Forschung, es ist aber jetzt schon sicher, dass die Berechnungskapazitäten von Quantencomputern in der Lage sind, die kryptografischen Verfahren vieler Blockchains zu brechen und sie damit zu hacken. Aus diesem Grund sollte bereits jetzt bei der Planung einer Blockchain-Lösung berücksichtigt werden, dass die Sicherheitsfunktionen und die Verschlüsselung ausgetauscht werden können, sobald neuere und sichere Verfahren verfügbar sind.

**Personal**

Es gibt nicht genügend Spezialisten, die Blockchain-Lösungen planen und diese auch umsetzen können. Außerdem fehlen Entwickler, die darauf spezialisiert sind, mit

Blockchain zu arbeiten und Anwendungen zu entwickeln, die Blockchain nutzen und Daten in der Blockchain speichern. Da Spezialisten im IT-Bereich ohnehin fehlen, ist kaum abzusehen, wann es genügend Spezialisten gibt, die Blockchains im Unternehmen einführen, weiterentwickeln und betreuen.

**Datenschutz**

Anwendungen, die auf Blockchain setzen, sind bezüglich des Datenschutzes sehr schwer abzusichern. Die Grundlage der Blockchain besteht darin, dass die Daten nicht sicher auf einem zentralen Server gespeichert werden, sondern dass die Knoten transparent auf die Daten zugreifen können. Das ist der Sinn der Blockchain, damit alle Transaktionen auch transparent nachvollzogen werden können. Werden in der Blockchain aber personenbezogene Daten gespeichert, greifen natürlich auch hier die Vorschriften der DSGVO. Bevor ein Prozess in der Blockchain abgebildet wird, muss also genau geplant werden, wie Datenschutz und die Sicherheit der Daten gewährleistet werden.

## Alternative Technologien

### Directed Acrylic Graphs (DAGs)

DAG und Blockchain sind beides sogenannte Distributed-Ledger-Technologien. Während Blockchains die Daten oder Transaktionen bündeln, auf Blöcke verteilen und sie in einer Kette aus Blöcken organisieren, sind sie bei den DAGs in Graphen organisiert. Ein DAG bildet keine in Ketten verbundene Blöcke von Transaktionen und benötigt kein Mining für die Bestätigung von Transaktionen. Es ist ein Graph, der gerichtet ist und keine Zyklen hat, die die anderen Kanten verbindet. Dies bedeutet, dass es nicht möglich ist, den gesamten Graphen beginnend an einer Kante zu durchlaufen. In diesem System werden immer regelmäßig Screenshots vom gesamten Netz gemacht, sodass für jeden Teilnehmer immer alle Informationen erhältlich sind.

Vorteile sind daher die hohe Transaktionsgeschwindigkeit und die gute Skalierbarkeit, da unendlich viele Updates gleichzeitig durchgeführt werden können, und dass jeder Teilnehmer selbst alle Rollen in einem dezentralen System übernimmt.

Bei DAGs müssen auch nicht 51% den Konsens bilden, sondern es reicht eine gerade genügende Anzahl, die die Transaktion bestätigt. Die Höhe dieses Wertes richtet sich dabei nach Größe oder Relevanz der zu bewältigenden Aufgabe.

Aufgrund eines zentralen Koordinators, der jede durch Nutzer durchgeführte Transaktion frei gibt, sind die Transaktionskosten sehr gering. Da dies die Dezentralität beeinträchtigt, gibt es Versuche, den zentralen Koordinator loszuwerden.

DAGs haben ihre Daseinsberechtigung, werden die Blockchain aber nicht ersetzen und eher in Sonderfällen angewendet werden.

Bekanntestes Beispiel für einen DAG ist Tangle von IOTA.

Abbildung dazu:
https://cdn-images-1.medium.com/max/1600/1*-66AGbQJfVuDU76zYUxiRQ.jpeg

**Gossip about Gossip**

Hier werden die Vorteile der Blockchain und die Skalierbarkeit eines DAGs kombiniert. Um einen Konsens zu kreieren, ist keine Mehrheit erforderlich und ein Reputationsmodell in Form von „Klatsch & Tratsch" zwischen den Nodes versucht den zentralen Koordinator eines DAG zu ersetzen. Bei 2/3 Zustimmung der Knotenpunkte gilt die Transaktion als verifiziert.

In der Theorie scheint dieses Modell zu funktionieren und den Rest wird die Zukunft zeigen. Bekanntestes Beispiel für dieses Protokoll ist die Hashgraph-Technologie von Hedra.

Ähnlich wie DAGs werden sie aber wohl eher in Spezialfällen zum Einsatz kommen.

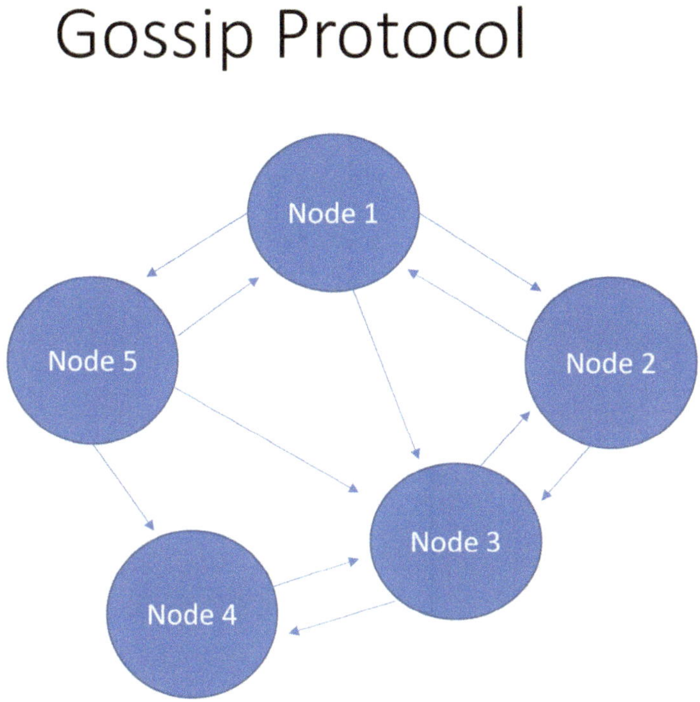


Ähnlich wie bei einer Blockchain können Nutzer bei einem Hashgraph Transaktionen versenden. Doch hier werden sie nicht in Form von Blöcken an den vorhergehenden angehängt, sondern werden parallel zueinander verifiziert.

Auch müssen nicht alle Teilnehmer sämtliche Infos des gültigen Hashgraphs immer gemeinsam runterladen, sondern es gibt einzelne Knotenpunkte mit eigenen Datensätzen.

Je größer die Nutzung, desto mehr Datensätze und Transaktionen kann der Hashgraph abwickeln.

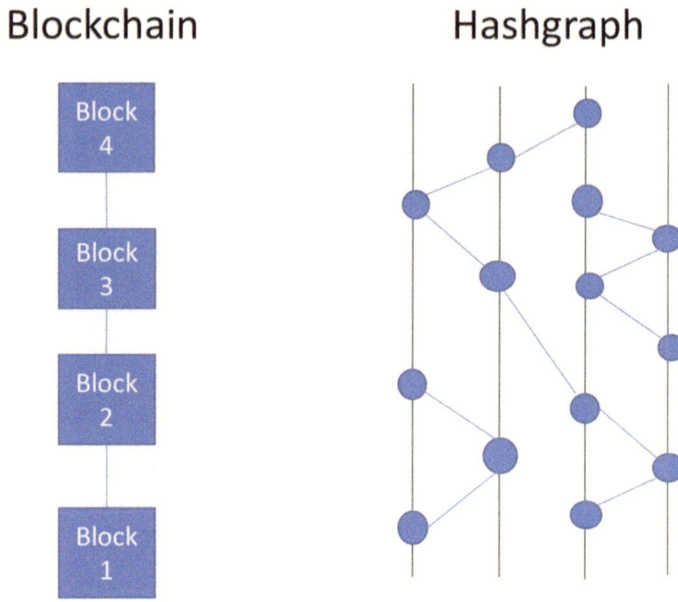


Das Hauptmerkmal von Hedera Hashgraph ist die asynchrone byzantinische Fehlertoleranz in Kombination mit dem Proof-of-Stake hinsichtlich der Ausschüttung von Rewards. Grundsätzlich bezieht sich in einem verteilten System die byzantinische Fehlertoleranz auf die Fähigkeit des Systems, einen ehrlichen Konsens im Netzwerk aufrechtzuerhalten, selbst wenn böswillige Knoten versuchen, falsche Nachrichten zu verbreiten, oder Knoten ausfallen. Hierbei muss ein Knotenpunktbetreiber immer die Transaktion eines anderen Betreibers bestätigen, um eigene Transaktionen durchzubekommen, wobei sie sich nicht gegenseitig absprechen können.

Kritik findet das Projekt aufgrund ihres Modells mit zwei Ebenen. Dabei missfällt vielen die Ebene des Verwaltungsrates, da es sich dabei um ein zentrales Kontrollsystem für Protokoll und Netzwerk handelt. Die zweite Ebene besteht aus dem offenen Konsens, den die verschiedenen Knoten innerhalb des Netzwerks darstellen. Hedera verwendet ein Proof-of-Stake-gewichtetes Abstimmungsprotokoll, um so möglichst viele Benutzer zum Betreiben eines Knotens zu motivieren und eine bessere Dezentralisierung zu erreichen.

## Anwendungsbereiche

### Wo stehen wir

Im Februar 2019 kündigte JP Morgan Chase, eine der größten Banken weltweit, die Entwicklung einer eigenen Kryptowährung, den JPM Coin an. Eine USD gedeckte Währung für grenzüberschreitende und sichere Zahlungen. Im selben Monat noch folgten Äußerungen von Unternehmen wie Amazon, Accenture oder Master Card, die Blockchain nutzen zu wollen, um ihre Lieferketten zu verbessern ,oder Firmen wie Sony und Fujitsu, um die Technologie im Bildungsbereich zu testen. Einen weiteren Monat später begannen Netflix und Airbnb Zahlungen in Kryptowährungen zu akzeptieren, worauf AT&T als erster Mobilfunkanbieter kurze Zeit später folgte.

Im Juni des gleichen Jahres veröffentlichte Facebook ein Whitepaper, in dem das Libra-Projekt, ein globaler Stablecoin, beschrieben wurde. Der US-Kongress stoppte jedoch die Entwicklung, was Facebook aber dennoch dazu brachte, Anfang 2021 Diem, einen in der Funktionsweise etwas eingeschränkteren Coin auf den Markt zu bringen.

Im August 2019 legalisierte Neuseeland die Zahlung von Krypto-Gehältern und einen Monat später wurde Santander das erste Finanzinstitut, welches eine öffentliche Blockchain zur Ausgabe von Anleihen nutzte. Im Dezember des gleichen Jahres kündigte die Peoples Bank of China an, digitale Währungen in der realen Welt zu testen, was den Beginn des Wettlaufs um eine Central Bank Digital Currency (CBDC) markierte, also die Ausgabe von Digitalbankgeld durch Regierungen. Wenn man die aktuellen

Entwicklungen betrachtet, ist die Einführung von Zentralbankwährungen auch hier in Europa nur noch eine Frage der Zeit.

Im Januar 2021 gab es dann einen weiteren immensen Wachstumsmarkt, den der Kunst, der sich seit Dezember 2019 von 3 auf 33 Millionen USD verelffachte. Am 11. März 2021 wurde bei Christie's ein NFT für 69 Millionen USD Dollar verkauft.

Seit Beginn des neuen Jahrzehnts steht die Blockchain-Szene an einem Wendepunkt. Vor dem Hintergrund erfolgreicher Implementierungen hält die Blockchain offenbar überall Einzug, wobei einige der ersten Anwendungen bereits das Tal der Enttäuschung erreicht haben. Immer mehr Unternehmen entdecken dank der Blockchain neue Potenziale in der Fertigung wie auch in ihren Versorgungsketten. Die Nachzügler wachen langsam auf. So steht die Automatisierung von Geschäftsabläufen ganz oben auf der Agenda vieler Chefetagen, von der Buchhaltung, über den Vertrieb bis hin zum Kundendienst.

Aufgrund der spekulativen Natur der ersten Kryptowährungen eilte ihnen eine Zeitlang ihr schlechter Ruf stets voraus. Mit dem Aufkommen von Stablecoins und Decentralized Finance wurde die Blockchain hoffähig.

Auf dem World Economic Forum in Davos kam das digitale Zentralbankgeld als Diskussionsthema auf. Vertreter aus Politik und Wirtschaft haben sich mit den sozioökonomischen Implikationen der Währung auseinandergesetzt.

Laut Gartner wird die Blockchain bis 2023 „technisch skalierbar sein und vertrauenswürdige private Transaktionen mit den erforderlichen Datenschutzmechanismen unterstützen". Die beiden Merkmale zählen zu den wichtigsten Voraussetzungen für die Umsetzung einer Zentralbankwährung.

Seit dem letzten Jahr scheint auch der Hype um die Blockchain endgültig vorbei zu sein und Corona beschleunigte den technologischen Wandel in vielen Bereichen.

Seit dem Ausbruch der Corona-Krise kommt es immer wieder zu massiven Störungen in den globalen Lieferketten. Wenn Baumaterialien aus Südamerika und Polen sowie elektronische Komponenten aus China nur mit Verzögerungen ihr Ziel erreichen, wird mittlerweile immer häufiger über „Reshoring", der Rückführung ausländischer Produktion in das jeweilige Heimatland, nachgedacht.

Mit der Blockchain-Technologie kann es jedoch gelingen, die Prozesse in den Lieferketten wieder zu beschleunigen. Eines der bekanntesten Beispiele hierfür ist die von IBM und der weltweit größten Containerschiff-Reederei Maersk ins Leben gerufen Plattform Tradelens. Sie ist eine offene, neutrale Blockchain-basierte Plattform, die globale Lieferketten digitalisiert und für viel Transparenz, einen optimalen Datenaustausch sowie für wesentlich schnellere Prozesse sorgt.

Datenschutz bleibt ein heißes Thema, insbesondere wegen der zunehmenden Anzahl an Hacker-Attacken, die immer wieder in den Nachrichten auftauchen, und Bedenken hinsichtlich des Datenschutzes behindern Projekte rund um die Blockchain. Ein wichtiger Trend des Jahres 2021 ist daher der sogenannte Zero Knowledge Proof (ZKP).

Bei einem Zero Knowledge Proof geht es zum Beispiel um die Überprüfung, ob ein Kreditnehmer für die Kreditgewährung auch genug Geld auf seinem Bankkonto hat, aber ohne, dass der Kreditgeber den Kontostand tatsächlich sieht. Die ING-Bank hat bereits wichtige Schritte unternommen, um beispielsweise Hypothekenanträge in die Blockchain aufzunehmen und einen Antrag mittels ZKPs automatisch zu genehmigen oder abzulehnen.

## Währungen

Kryptowährungen sind die derzeit populärste Blockchain-Anwendung, stellen derzeit um die 50% der konzeptionell existierenden Blockchain-Anwendungen und Bitcoin ist die aktuell bekannteste Kryptowährung.

Kryptowährungen können nicht zensiert oder kontrolliert werden und Staaten haben somit keine Kontrolle über sie. Statt einer zentralen Bank die Kontrolle über das Geld zu überlassen, wird in der Blockchain die im Geldsystem nötige Information dezentral gespeichert. Diese Informationen sind die Geldsumme im System, wer wie viel besitzt oder wer wem Kryptocoins geschickt hat. Hinsichtlich einer Absicherung zur zentralisierten Finanzwelt kommt man also um das „digitale Gold" kaum herum. Zusätzlich wird der Währungsaspekt für Zahlungsverfahren in Zukunft sicher weiter zunehmen.

Kryptowährungen versprechen, von jedermann verwendet werden zu können sowie nicht zensierbar und schnell zu sein, haben jedoch eine hohe Preisvolatilität. Sie lassen sich schwer regulieren, allerdings können Krypto-Börsen sehr wohl reguliert werden.

Dass Staaten gegen Kryptowährungen sind ist ein hartnäckiger Mythos, da diese ihnen grundsätzlich offen gegenüberstehen und an eigenen Lösungen arbeiten.

Die unterschiedlichen Algorithmen der verschiedenen Kryptowährungen legen jeweils für die entsprechende Kryptowährung fest, wie viele Coins es gibt, ob es eine Maximalgrenze an Coins gibt, wie man Coins verschicken kann und welche weiteren Nutzungsmöglichkeiten diese bieten.

Allgemein herrscht eine große Konkurrenz unter den etwa 10.000 Kryptowährungen und es ist davon auszugehen, dass 99% langfristig vom Markt verschwinden.

Es ist zu erwarten, dass Kryptowährungen den Finanzmarkt durcheinanderwirbeln. Transaktionsgebühren gehen gegen null, Wechselstuben werden straucheln, Online-Bezahldienste werden umdenken müssen und der Wunsch nach Kontrolle über das eigene Geld wächst in der Bevölkerung sprunghaft. Noch ist vieles nicht vorhersehbar, sodass jeder im Finanzsektor das Thema Blockchain im Fokus haben sollte.

Kryptowährungen sind 24 Stunden am Tag, 7 Tage die Woche und 365 Tage im Jahr weltweit verfügbar. Sofern ihre Einheiten begrenzt sind bieten sie darüber hinaus Inflationsschutz und schützen vor einer Enteignung. Hinzu kommen minimale Transaktionskosten und die Annehmlichkeiten des altbekannten Systems.

Eine Besonderheit hingegen sind Gaming Token, da hier das Vertrauen in eine dezentrale Datenbank essenziell ist und der Besitz im Gaming-Bereich durch eine Blockchain eindeutig und für alle nachvollziehbar wäre.

Gaming Token sind an sich eine Währung in einem Computerspiel, mit denen verschiedene Features wie Schuhe oder Waffen je nach Spiel gekauft werden können. Ihr Erwerb läuft in Tausch gegen FIAT-Geld, durch Verkauf und Tausch mit anderen Gamern oder durch das Erreichen vorgegebener Ziele im jeweiligen Spiel. Sofern diese Token nicht dezentral laufen, hat der Spielhersteller theoretisch die Möglichkeit, gewisse Features als rar anzupreisen und preislich höher zu bewerten. Ob dem auch so ist kann ein Spieler jedoch schwerlich überprüfen.

### Finanz-Transaktionen

Vor allem die eingangs erwähnten Kryptowährungen verdeutlichen, wie die Technologie in der Finanzwelt eingesetzt werden kann. Im Zuge einer Blockchain werden einzelne Transaktionen verifiziert und auf die sogenannten Nodes verteilt. Hieraus ergeben sich eine hohe Datenkonsistenz und ein besonders hohes Maß an Transparenz. Diese Eigenschaften sind die Grundlage für Banktransaktionen. Durch eine Verschlüsselung werden die Daten abgesichert und vor Manipulation geschützt.

Dieses Prinzip eröffnet Anwendungsmöglichkeiten für internationale Zahlungen. Da die Verifikation innerhalb des Netzwerks stattfindet, können Intermediäre wie Western Union ausgeschlossen und die Transaktionskosten reduziert werden. Das Fehlen von Intermediären sorgt zusätzlich für eine höhere Transaktionsgeschwindigkeit.

## Buchhaltung und Wirtschaftsprüfung

Blockchain könnte einen echten Vorteil für viele Buchhalter bringen, da sich Prüfungen dadurch automatisieren lassen und die gespeicherten Daten transparent einsehbar, mit Zeitstempeln versehen und unveränderbar sind. Dank der Rückverfolgbarkeit von allem, was in der Blockchain aufgezeichnet worden ist, wird der Aufwand drastisch reduziert und folglich weniger Zeit in Anspruch genommen. Durch eine Private Key Signatur würde sich auch nachvollziehen lassen, wer die Dokumentationen überprüft hat. Folglich müsste man dann weder Steuerkanzlei noch Wirtschaftsprüfer benötigen.

Dank der erhöhten Sicherheit, die Blockchain bietet, können gesetzliche Anforderungen außerdem leichter erfüllt werden. Da diese Technologie in einigen Finanzsektoren bereits zur Normalität wurde, ist es sogar wahrscheinlich, dass der Einsatz selbiger eines Tages zur Pflicht wird.

Die Dateneingabe ist vielleicht der Bereich, in dem Blockchain am meisten helfen kann, da hier die Wahrscheinlichkeit für menschliche Fehler am höchsten ist. Durch die automatische Durchführung der meisten Buchhaltungsfunktionen wird die Anfälligkeit für Fehler drastisch reduziert.

Egal, ob Reduktion von Fehlern oder Steigerung der Effizienz, all dies führt zu geringeren Kosten. Bei der Umstellung von konventionellen Buchhaltungssystemen auf Blockchain können Buchhaltungsfirmen daher mit Kosteneinsparungen rechnen.

In Zukunft könnte die Blockchain-Technologie auch die Wirtschaftsprüfung so weit automatisieren, dass viele traditionelle Prüfungstätigkeiten wegfallen. Doch die Wirtschaftsprüfer werden keineswegs arbeitslos werden, sondern sich verstärkt auf anspruchsvollere Tätigkeiten wie Analysen, Bewertungen und Beurteilungen konzentrieren können. Ein Wirtschaftsprüfer muss sich auf diese Anforderungen einstellen und dies ist auch der Grund, warum die Big4 selbst an entsprechenden Lösungen arbeiten.

Zitat Don und Alex Tapscott, dass mit der Blockchain Führungskräfte von Aktiengesellschaften: „… nicht mehr einmal im Jahr schwören müssen, dass ihre Bücher in Ordnung sind, ihre Bücher werden alle zehn Minuten in Ordnung sein. Ob es den Führungskräften gefällt oder nicht. Sie brauchen keine öffentlichen Wirtschaftsprüfer mehr, die Blockchain eliminiert menschliche Fehler und verhindert Betrug in der Buchhaltung.“

## Wertpapiere, Immobilien und Edelmetalle

Kauf und Verkauf von Aktien oder Anleihen funktioniert nur durch Tausch in FIAT-Geld (eine Aktie kann nicht direkt in eine andere umgetauscht werden).

Eine Tokenisierung von Aktien und Edelmetallen auf einer Blockchain würde einen direkten Tausch möglich machen sowie kostengünstiger und transparenter sein. Im Prinzip handelt es sich dabei um Abbildungen realer Vermögensgegenstände auf einer dezentralen Blockchain. Die Verbindung zu realen Aktien wird über Price Feeds durch sogenannte Oracles bereitgestellt. Dezentrale Aktien bilden also nur den Preis nach. Zur Erzeugung der Aktien und anderer Vermögensgegenstände müssen entsprechende Sicherheiten hinterlegt werden, damit garantiert ist, dass ein realer Wert hinter dem Token steht.

Bei Edelmetallen würde somit das Problem der physischen Lagerung für einen selbst entfallen, wobei der Herausgeber eines Edelmetalltokens das reale Gold in einem Safe einlagern würde. Man müsste jedoch dem Betreiber Vertrauen und hätte eine wirklich dezentrale Lösung.

Gehandelt werden dezentrale Aktien und Vermögensgegenstände 24 Stunden am Tag und 7 Tage die Woche an einer dezentralen Börse (DEX), welche keine Börsenschließzeiten kennt. Der weltweite Zugriff über eine normale Internetverbindung gibt Milliarden Menschen, die keinen Zugriff auf Börsenplattformen oder keine Bankverbindung haben, so die Möglichkeit ohne finanzielle Beschränkungen in Unternehmen zu investieren. Weitere Vorteile sind die Senkung der Transaktionskosten durch den Wegfall von externen Dienstleistern, schnellere Transaktionsgeschwindigkeit durch einen Investmentprozess in Echtzeit ohne lange Durchlaufzeiten und Liquidität durch schnelle und flexible Handelbarkeit.

Bei Immobilien könnten diese Token sogar in kleinere Werte geteilt werden, sodass jeder mit einem noch so kleinen Betrag Anteile an einer Immobilie erwerben kann und dadurch Mieteinnahmen erzielt. Durch Smart Contracts und die Verknüpfung mit anderen Blockchains würden hier ebenso die Kaufnebenkosten von Eintragungsgebühren bis hin zu Notariats- und Maklergebühren auf ein Minimum sinken sowie einfach, schnell und transparent ablaufen.

Dezentrale Börsen benötigen Liquidität. Diese kann der User in sogenannten Liquiditätspools zur Verfügung stellen und dafür erhält er einen Teil der Handelsgebühren. Sofern solche Pools noch nicht mit viel Kapital geflutet sind, ergeben sich hohe Renditemöglichkeiten, jenseits der 100%.

Als Nachteil kann aufgeführt werden, dass es sich bei dezentralen Aktien nicht um echte Aktien handelt und man damit kein Anteilseigner wird und nicht an Aktionärsversammlungen teilnehmen kann. Außerdem gibt es keine Dividendenzahlungen.

Bei Edelmetallen sind Lagerung und Liquidität die beiden Hauptprobleme, da kein Ladengeschäft Gold als Zahlungsmittel akzeptiert. Ein Gold-Token könnte sicher aufbewahrtes Gold repräsentieren und den Prozess von Produktion bis Aufbewahrung transparent aufzeigen.

## Crowdfunding

Hier sind Transparenz und Vertrauen besonders wichtig, da Investoren nachvollziehen wollen, wofür das Investmentgeld verwendet wird.

Dieses Problem kann durch dezentrales Fundraising auf einer Blockchain per eigenem Token gelöst werden.

Für jeden investierten Euro per Crowdfunding in ein Unternehmen erhalten Anleger einen Token, der über die Blockchain generiert wird. Als Mitgesellschafter haben die Investoren alle Rechte und Pflichten eines Kommanditisten. Zu beachten ist, dass die Anleger also auch an einem möglichen Verlust der Gesellschaft teilnehmen, der den Wert des Eigenkapitalanteils entsprechend verringern und im schlimmsten Fall sogar zum Totalverlust des eingesetzten Kapitals führen kann. Eine Nachschusspflicht besteht jedoch nicht. Im Rahmen der Zeichnung wird eine digitale Wertmarke (Token) auf der Blockchain generiert und dem Wallet (digitale Geldbörse) des Anlegers gutgeschrieben. Die Herausgabe der Token wird dabei von tausenden Servern weltweit verifiziert und die Transaktion des Anlegers unveränderlich gespeichert (dezentrale Datenbank).

Ein wesentlicher Vorteil der Token ist die kostenschlanke und einfache Übertragbar- und Handelbarkeit.

Grundsätzlich kann das Crowdfunding in Form von ICOs (Initial Coin Offerings) oder STOs (Security Token Offerings) durchgeführt werden.

Ein STO beschreibt eine öffentliche Veräußerung von Werten, Rechten oder Schuldverhältnissen, die über digitale Token abgebildet und über die Blockchain emittiert werden. Als Vorteile, die sich aus einer Tokenisierung ergeben, gelten die Transparenz, Transaktionskosten, höhere Liquidität und bessere Effizienz im Vergleich zu traditionellen Anlagen. Investoren bzw. Inhabern der Token stehen ähnliche Rechte gegenüber dem Emittenten zu wie bei traditionellen Wertpapieren, also z.B. Ansprüche auf dividendenähnliche Zahlungen, Mitbestimmungsrechte oder Verzinsungen.

Über STOs werden insbesondere durch die Zerlegung der Token in Kleinteile (Kleinstinvestments) erstmals Anlageklassen wie z.B. privates Beteiligungskapital oder Investments in der Schifffahrtsbranche auch für Kleinanleger in der breiten Masse investierbar gemacht. Im Falle der Emission von Security Token finden nationale Wertpapiergesetze Anwendung, sodass STOs einer ähnlich strengen Regulierung unterfallen wie reguläre Börsengänge.

Nachteile sind die neue Form der Verwahrung, wo durch Fehler Totalverlust resultieren können oder dass manchmal mit dem Token kein Stimmrecht übertragen wird.

Ein ICO hingegen ist eine oftmals unregulierte Methode des Crowdinvestings, die von Firmen verwendet wird, deren Geschäftsmodell auf Kryptowährungen basiert. Mit dieser Methode der erstmaligen Kapitalaufnahme vermeiden Kryptowährungsfirmen den streng regulierten Prozess der Kapitalaufnahme, der von Risikokapitalgebern, Banken oder Börsen vorgeschrieben wird, wenn sie sogenannte „Utility Token“ oder „Cryptocurrency Token“ emittieren. Ein Anteil einer neu emittierten Kryptowährung wird dabei an Anleger verkauft im Austausch gegen staatliche Währungen oder gegen andere Kryptowährungen.

Über ICOs erwirbt der Investor einen Eigentumsanteil oder Erlösanteile am finanzierten Projekt. Sie können für alle Beteiligten von Vorteil sein. Besonders kleinere Projekte und Start-ups profitieren von der einfachen und direkten Methode, an Fördermittel zu gelangen, und können damit komplizierte Verfahren über Banken und Risikokapitalgebern umgehen. Diese kleinen und mittleren Krypto-Start-ups sind es auch, die häufig das größte Wachstumspotenzial haben und für Investoren eine beträchtliche Gewinnspanne bedeuten können. Dennoch sollte vor jeder Investition per ICO überprüft werden, was sich dahinter verbirgt. Wichtige Informationen bietet die jeweilige Firmen-Webseite und das Whitepaper.

## Geldwäsche

Heute ist Geldwäsche ein großes Problem in der Wirtschaft. Um dieses Problem zu beseitigen, kann die Blockchain herangezogen werden, indem alle abgeschlossenen Verträge transparent auf einer Blockchain gespeichert werden. Durch Aufzeichnungen lassen sich die einzelnen Transaktionen auch den jeweiligen Beteiligten zuordnen und so lässt sich Geldwäsche vermeiden.

## Grundbesitz

Grundbesitz könnte in die Blockchain eingetragen werden. Insbesondere in Ländern mit instabiler Regierung könnte so Vertrauen bei Investoren hergestellt werden. Auch würden Menschen bezüglich ihres Grundbesitzes oder Immobilien vor Enteignung durch Staaten geschützt werden.

Ein Blockchain-Grundbuch würde für Sicherheit, Transparenz und Interoperabilität stehen. Grundlage hierfür ist aber eine zukunftsfähige, digitalisierte Immobilienwirtschaft geprägt von Offenheit und Flexibilität. Blockchain-Technologie kann hier die Grundlage für Lösungen sein, die weit über die bloße Absicherung der Grundbuchüblichen Registerfunktionen hinausgehen.

Ein digitales Grundbuch muss sich nicht nur auf seine Funktion als digitales Register beschränkten, sondern lässt sich direkt mit dem Handel verknüpfen und könnte die Weichen für Token basierten Immobilienhandel stellen. Führend in der Anwendung und in Tests sind hier Schweden und Georgien.

Der Verlust eines Private Keys hätte hier große Auswirkungen, weshalb dennoch eine zentrale Erlaubnisstelle notwendig wäre.

## Kunst

NFTs sind der Kunstmarkt im Blockchain-Umfeld und eine Möglichkeit, jeden Gegenstand (einschließlich Kunstwerke) als Ethereum-basierten Vermögenswert darzustellen, der Urhebern mehr Macht und Rechte einräumt als jemals zuvor in der Geschichte. Seit Jahrhunderten verkauften Künstler ihre Originale und Kunsthändler konnten diese zu astronomisch hohen Preisen weiterverkaufen, ohne dass der Künstler partizipierte. Durch NFTs ist es nun möglich, dass der Urheber bei jedem Verkauf Tantiemen erhält.

NFTs, kurz für „Non-Fungible Tokens", (Computerdateien in Kombination mit Eigentums- und Echtheitsnachweisen wie eine Urkunde) stellen einzigartige digitale Objekte dar, die auf einer Blockchain gespeichert werden, und verwandeln zum Beispiel weit verbreitete GIFs oder JPGs in wertvolle Sammlerstücke. Grundsätzlich kann damit aber alles digitalisiert und mit einem Non-Fungible Token versehen werden. Diese können dann als einmalige Stücke, limitierte Editionen oder in offenen Editionen verkauft werden.

Künstler, die ihre Werke als NFTs verkaufen möchten, müssen sich bei einem Marktplatz anmelden und dann digitale Token „minten", indem sie ihre Informationen des Werkes (wer ist der Künstler, Beschreibung, Erstellungsdatum) in eine Blockchain hochladen und validieren. Das Kunstwerk selbst, also die digitale Datei, wird separat auf einer Datenbank gespeichert.

Der Punkt des Kopierschutzes würde sich hier ebenso gut auf Bereiche der Film-, Musik- und Spieleindustrie ausweiten lassen. Neben diesem Schutz könnten die Urheber außerdem von einer transparenten Lizenz- und Tantiemen Regelung profitieren.

## Identität und Social Scoring

Die Verifizierung der Identität einer Person ist in ausgewählten Geschäftsbereichen eine Herausforderung. Mithilfe der Blockchain-Technologie lassen sich die Identitäten von Personen allerdings sicherer und schneller identifizieren. Grundlage sind umfangreiche Datenbestände, die eine Identifizierung und Verifikation ermöglichen. Auch würde Datenverlusten vorgebeugt, da die Daten dezentral gespeichert werden. Vor allem bestehende Ausweisdokumente wären somit digital sicher umsetzbar und eine Manipulation nahezu unmöglich, da Identitätsdiebstahl heutzutage zu einem der häufigsten Verbrechen weltweit zählt.

Im Kern geht es bei dezentralen digitalen Identitäten darum, dass der Nutzer seine digitale Identität selbst verwaltet, ohne von einem zentralen Identitätsdienstleister abhängig zu sein, bei dem zum Beispiel seine persönlichen Daten gespeichert sind. Stattdessen erhält der Nutzer einmalig von vertrauenswürdigen Stellen wie staatlichen Behörden digitale Bescheinigungen über bestimmte persönliche Identitätsmerkmale wie Adresse oder Alter, die er dann ohne weitere Zustimmung durch den Aussteller zur Identifizierung und Authentisierung nutzen kann. Die Blockchain wird dazu genutzt, die Legitimität der ausgestellten digitalen Bescheinigungen zu garantieren, die als solche keinen Rückschluss auf die Personendaten zulassen.

Zum einen würde sich vermeiden lassen, dass Leute, die Zugriffe auf Ausweisdokumente hatten, diese im Internet illegal verwenden, und zum anderen wäre es ebenso eine optimale Lösung für Menschen, die keine Ausweisdokumente haben, weil diese verloren gegangen oder diese ihnen entzogen worden sind. Insbesondere politische oder Kriegsflüchtlinge hätten so immer Zugriff auf ihre Ausweisdokumente.

Durch die dezentrale Identität könnte auch eine persönliche Reputation aufgebaut werden, wobei die Grenze zum Social Scoring schwammig wird. So versucht beispielsweise China über ein solches System die totale Kontrolle über seine Bürger zu bekommen. Vorteile könnten aber im Beruflichen, z.B. Journalismus, auftreten.

## Patente

Patente sind sehr teuer in der Eintragung da weltweite unterschiedliche Standards existieren. Hier könnten durch Zeitstempel und Hashs den Zeitpunkt als auch den exakten Inhalt einer Patentanmeldung auf der Blockchain gespeichert werden. Dadurch könnten auch die Kosten hinsichtlich juristischer Verfahren in diesem Bereich gesenkt werden und ein einheitlicher Standard implementiert werden. Die juristische Anerkennung ist hierzu allerdings aktuell noch nicht gegeben und es wäre sicher eine mehr als große Herausforderung, ein weltweites System zur Anwendung zur bringen.

Da die Blockchain sicherstellen kann, dass Daten nicht manipuliert werden, ist sie für verschiedene Formen des Schutzes geistigen Eigentums sehr attraktiv. Ihr Einsatz könnte die Effizienz und Authentizität bei der Etablierung von Eigentumsrechten erhöhen und Fälschungen reduzieren. In einem möglichen Streit muss der Urheber jedoch sein Eigentum vor Gericht nachweisen. Derzeit gibt es verschiedene Möglichkeiten, den Zeitpunkt der Erstellung des Werkes nachzuweisen, wie beispielsweise Zeitstempel, die Registrierung des Urheberrechts oder die Zustimmung eines Notars. Oft ist es aktuell möglich, Musik oder Bücher herunterzuladen, ohne den Schöpfer oder Künstler zu entschädigen. Der Nachweis der Verletzung ist schwierig, da geistige Eigentumsrechte nicht sofort in den bestehenden Rahmen eingetragen werden. Mit der Blockchain-Technologie kann ein Ersteller automatisch einen Zeitstempel für seine Arbeit setzen und das Eigentum beanspruchen. Dies erleichtert den Nachweis einer Verletzung, wenn eine solche auftritt, da die Blockchain-Dokumentation den ursprünglichen Ersteller und den genauen Zeitpunkt der Erstellung des Werks zeigt.

## Treuhänderschaft

Treuhänderschaft wird überall da eingesetzt, wo man dem Gegenüber bei der Übertragung von Werten, Eigentum oder Besitz nicht vertraut. Ein Smart Contract mit vorher definierten Bedingungen kann hier Abhilfe schaffen, wobei hier Schwierigkeiten bei Barzahlungen oder physischen Übertragungen auftreten, sodass zumindest in einem solchen Fall noch eine vertrauensvolle dritte Partei notwendig wäre.

Umsetzbar wäre es im Onlinehandel, sowie bei Onlinezahlungsleistungen oder Immobilienkäufen. Bei Immobilienkäufen würde das Eigentum dank eines Smart Contracts an die Adresse des Käufers übertragen, sobald die Adresse des Verkäufers den korrekten Wert erhält.

## Daten, Dokumente und Medien

Bisher war das Internet für Verträge und Dokumente ungeeignet, da wichtige Informationen wie Unterschrift und Datum im Nachhinein geändert werden können, wobei einige wenige Onlinedienste als Notare dienen. Dieser Mangel ist jedoch noch schuld, dass wir heutzutage immer noch die meisten Transaktionen mit Unterschrift auf Papierkopie abschließen.

Eine Dokumentation des Urheberrechts könnte aber vertrauenslos ohne zentrale Firma abgebildet werden, und durch Zeitstempel ist ersichtlich, wer die Information besitzt.

Bei Dokumenten wie Verträgen oder Urkunden kann eine Verkaufshistorie erstellt werden und durch das Hashen eines Dokuments kann klar bewiesen werden, welches Dokument das originale oder finale ist. Eine Unterschrift per Private Key ist ebenfalls denkbar.

Die Documentchain ist z.B. eine speziell für das Dokumentenmanagement entwickelte dezentrale Blockchain.

Daten und Informationen könnten außerdem für immer vor Bränden oder Naturkatastrophen geschützt werden.

**Bildungssystem**

Institute, Universitäten und Fachhochschulen hätten die Möglichkeit, nicht fälschbare Abschlüsse und Zertifikate anzufertigen und das Problem der unzuverlässigen Zertifizierung zu lösen. Somit würden die offizielle Beglaubigung und der Versand der Originaldokumente entfallen und so wäre für jeden Arbeitgeber leicht und schnell möglich zu überprüfen, ob der Bewerber die angegebenen Qualifikationen wirklich mit sich bringt. Egal, ob für einen neuen Job in einem neuen Land oder für Flüchtlinge, welche keine Kopien ihrer Abschlüsse mehr haben, die Blockchain würde vor Verlust und Beschädigung schützen und entsprechende Zeugnisse und Zertifikate könnten global einsehbar zur Verfügung gestellt werden.

Übergreifende Zusammenschlüsse und Kooperationen von Bildungseinrichtungen würden den Bedarf an Zertifizierungsvereinbarungen erhöhen. Blockchain bietet ihnen eine kostengünstige und gemeinsame Ressource.

**Daten & Passwörter**

Passwörter und Zugangsdaten stellen bei zentralen Systemen immer wieder Angriffspunkte dar.

Passworterzeugung und Sicherung durch einen Private Key heben die Passwortsicherheit auf ein neues Level, wovon insbesondere rein digitale Anwendungen profitieren. Der Verlust des Private Keys würde aber auch zum Verlust der Passwörter führen, wodurch Passwortmanager aktuell noch im Vorteil sind.

## Kommunikation

WhatsApp als Datenkrake sowie das Mitlesen von E-Mails durch staatliche Stellen oder das Abhören von Telefongesprächen sind heutzutage an der Tagesordnung. Das Problem des Vertrauens in elektronische Kommunikation kann durch eine Blockchain einfach gelöst werden und staatlichen Behörden oder Unternehmen hätten keine Möglichkeit, die Daten abzugreifen oder weiterzuleiten.

Hierbei ist jedoch zu beachten, dass Skalierbarkeit und Geschwindigkeit mit jedem neuen Teilnehmer abnehmen.

Eine zentrale Möglichkeit hierzu liegt jedoch bedingt von Signal durch die End-to-End-Verschlüsselung und den Open-Source-Code vor.

## Social Media und Presseagenturen

Das Vertrauen in Seiten wie Facebook oder die BILD-Zeitung nimmt durch Skandale bzw. Datenmissbrauch und Manipulation immer mehr ab und bei einem Text, Bild oder Video ist dort schwer erkennbar, ob es sich um eine Originalversion handelt und/oder zu wem dieses gehört. Ebenso werden auf Facebook gewisse Themen zensiert und Posts gelöscht und auch im Internet immer wieder (auch in Deutschland) Seiten zensiert, die unabhängige Pressearbeit leisten.

Auf einer Blockchain würde man seine Daten nicht aus der Hand geben und bei Hochladen auf eine Blockchain würden diese zugeordnet und gekennzeichnet werden, sodass der Besitz über den Private Key nachweisbar wäre. Auch eine Zensur oder löschen von Informationen wäre so nicht mehr möglich. Dies ist aktuell auch der Grund, warum Seiten wie die New York Times oder Facebook sich im Darknet registriert haben, um Nutzern in Ländern mit Zensur den Zugang zu ihrer Dienstleistung zu gewähren. Der Nachteil bei fehlender Zensur liegt natürlich darin, dass dies jedem Nutzer ermöglichen würde alles ungestraft zu machen.

Autoren von Artikeln können ebenso in Form von Orakeln bewertet werden und einen entsprechenden Score zu ihren veröffentlichten Meldungen bekommen, welche sie schreiben. Jeder Journalist würde somit versuchen, bestmöglich zu recherchieren, um keine Falschmeldungen ins Netz zu setzen und somit Gefahr zu laufen, seinen Bewertungsscore zu zerstören.

## Meilen & Treuepunkte

Meilen & Treuepunkte dienen der Kundenbindung und funktionieren fast wie eine Währung, wobei generell eine Diskrepanz zwischen den Programmen herrscht, was Akzeptanz und Interoperabilität angeht. Dies geht zu Lasten der Wünsche der Nutzer.

Mithilfe der Blockchain-Technologie könnten kartenbasierte Treue- und Prämienprogramme erneuert werden. Besonders die jüngeren Konsumenten, die zunehmend auf mobile Bezahlmethoden setzen, wollen kein Portemonnaie voll mit Plastikkarten bei sich tragen und stattdessen können Händler ihren Kunden über eine Blockchain-Lösung ermöglichen, die Treuepunkte über ein Smartphone zu sammeln, zu konsolidieren und einzulösen. Blockchain vermindert dadurch Abhängigkeiten bei Payback-Systemen, denn wer in einen Payback-Verbund eintritt, hat beträchtliche Kosten. Wer ein solches System auf Blockchain-Basis aufzieht, kommt definitiv deutlich günstiger weg.

Alternativ wäre genauso gut denkbar, es bei einem zentralen System zu belassen, damit Firmen ihre Kundendaten nicht veröffentlichen müssen und weiterhin dort die Punkte kreieren können. Über eine daran angeschlossene Blockchain könnten diese dann jedoch gewechselt werden, wodurch sich für die Nutzer deutlich mehr Möglichkeiten ergeben. So könnte man dort die Punkte mehrerer Anbieter in ein und dieselbe Währung eintauschen.

Sausalitos, Singapore Airlines und viele mehr sind daher bereits zu Blockchain-Lösungen übergegangen.

Der Sausalitos Coin ist eine Plug-and-Play-Lösung für Treueprogramme auf der Ethereum-Blockchain. Kunden mit der Sausalitos-App verdienen bei jedem Einkauf im Restaurant Münzen, indem sie einen QR-Code scannen. Ebenso können sie ihren Token gegen Bargeld, Kryptowährungen und Treuetoken anderer Unternehmen tauschen.

## Dezentrale Applikationen

Wenn Smart Contracts, eine Kryptowährung, eine Blockchain und eine App zusammen eingesetzt werden, ist das Ergebnis eine DApp.

Bei DApps werden Daten nicht auf einem Server oder Computer, sondern eine Kopie der Daten wird auf allen Computern in einem Blockchain-Netzwerk gespeichert. Das bedeutet, dass niemand eine DApp kontrolliert. Das Risiko eines Programmabsturzes bei Serverausfällen oder Abschaltungen existiert hier aufgrund verschiedener Cloud Server nicht.

In zentralen oder normalen Apps können häufig die Betreiber oder Dritte direkt auf Nutzerdaten zugreifen und diese modifizieren, löschen oder neue Daten einfügen. DApps dienen hingegen dem Zweck, dass Nutzer eine Anwendung verwenden können, ohne die Sorge zu haben, dass ihre Daten, wie beispielsweise der Besitz virtueller Güter, gelöscht, entfernt oder modifiziert werden können.

Gleich bleibt in der Regel die visuelle oder benutzerfreundliche Darstellung der genutzten Elemente.

DApps stecken noch in den Kinderschuhen, sind aber die nächste Entwicklungsstufe unserer aktuellen Apps und Onlinedienste.

## Orakel

Ein Blockchain-Orakel ist ein Gerät, das die Blockchain mit Daten außerhalb der Blockchain verbindet und Informationen aus der Außenwelt liefert, um eine Smart-Contract-Vereinbarung auszuführen.

Orakel sind sehr wichtig, weil sie den Anwendungsbereich von Smart Contracts erweitern. Ohne Blockchain-Orakel werden Smart Contracts eingeschränkt sein, da sie nur über Informationen innerhalb ihres Netzwerks verfügen werden. Orakel sind keine Daten, sondern nur Abfragen, die externe Datenquellen verifizieren und authentifizieren und dann die resultierenden Informationen weitergeben. Orakel geben Informationen wie Preise und Zahlungserfolge weiter.

Ist eine solche Abfrage nicht möglich, können Orakel aber auch zufällig ausgewählte Personen sein, welche sich nicht kennen und innerhalb einer kurzen Zeitspanne entscheiden müssen, was die „Wahrheit“ ist. Diese werden dann prozentual am Wert des Smart Contracts incentiviert, sofern sie am Ende der Mehrheit angehören. So werden die Personen automatisch dazu gebracht, für die aus ihrer Sicht vorhandene Wahrheit zu voten, da sie sonst leer ausgehen würden.

Beispiel: Peter und Klaus schließen eine Wette ab, um zu sehen, wer der Gewinner im Fußballspiel Bayern gegen Real Madrid in dieser Woche sein wird. Beide wählen ihren Sieger, einigen sich auf einen Betrag und legen das Geld in einen Smart Contract, der das Geld basierend auf den Ergebnissen an den Gewinner freigibt. Da diese nicht auf Informationen außerhalb ihres Netzwerks zugreifen können, müssen sie sich auf das Blockchain-Orakel verlassen, um die benötigten Informationen zu erhalten. Am Ende der Woche fragt das Orakel eine API (Application Programming Interface) ab, um herauszufinden, wer tatsächlich gewonnen hat, damit es das Geld an den Gewinner weitergeben kann.

Es stellt sich aber immer die Frage, ob die Mehrheit am Ende auch wirklich recht hat und nicht eventuell eine kleine Expertengruppe. Dies würde sich aber lösen lassen, dass bei Fachfragen nur Experten für den Entscheidungsprozess ausgewählt werden.

### Diskriminierung & Ausgrenzung

Eine Blockchain ist zensurresistent. Jeder kann ihr beitreten und niemand ausgeschlossen werden. Hier gibt es keine Diskriminierung wegen Alter, Geschlecht, Rasse oder Hausfarbe, wobei durch fehlende Zensur auf fragwürdige Inhalte verbreitet werden können.

Kleinere Firmen und Start-ups können das fehlende Vertrauen im Vergleich zu bekannten großen Konzernen in ein neues Licht rücken, indem das Vertrauen nicht in das Unternehmen, sondern in die Idee oder das Konzept gelegt werden.

## Organisationen, Hilfswerke und Staaten

Da Vertrauen in NGOs schwindet, birgt die Blockchain-Technologie großes Potenzial. So zeigen verschiedene Studien auf, dass Unterstützer immer weniger daran glauben, ihre Hilfe könne tatsächlich etwas bewegen. Gerade der sinnvolle und richtige Einsatz von Spendengeldern liegt den Menschen am Herzen und so könnte Nutzung von Spenden- oder Steuergeldern nachgewiesen werden, was zur Vertrauensbildung bei den Menschen führt. Die Unterstützer einer NGO können sich so darauf verlassen, dass gespendetes Geld nicht zweckentfremdet wird und tatsächlich einem gewünschten oder geplanten Ziel zugutekommt.

Insbesondere das Tracking individueller Vorgänge bietet für Unterstützer große Vorteile. Da Transaktionen mit nicht veränderbaren IDs versehen werden, lässt sich darüber nahezu in Echtzeit nachvollziehen, wofür ein gespendeter Betrag aktuell eingesetzt wird.

Das World-Food-Programm der Vereinten Nationen setzt beispielsweise eine BCT-Anwendung ein, um Bedürftige in Flüchtlingslagern mit Geld zu versorgen. Dabei handelt es sich um eine Kombination von biometrischer und digitaler Identifizierung.

## Decentralized Autonomous Organization

Sie ist eine internetbasierte Organisation ohne zentrale Führung und Entscheidungen werden von unten nach oben getroffen. Geleitet wird sie von einer Gemeinschaft, welche nach bestimmten Regeln in Smart Contracts innerhalb der Blockchain organisiert ist. Sie wird also weder von Aktionären gesteuert noch von einer Zentralregierung beeinflusst. Der genaue rechtliche Status dieser Art von Unternehmensorganisation ist jedoch noch unklar.

Man kann sich die DAO wie eine kleine Stiftung vorstellen, bei der die Organisation finanzielle Mittel von ihren Mitgliedern erhält, und diese bestimmen, wie diese Mittel verwendet werden sollen. Kosten für ihre Gründung und Unterhaltung, insbesondere Personalkosten, fallen jedoch deutlich geringer aus oder ganz weg. Ferner kann die Verwendung von Geldern transparent nachverfolgt und ein Zugriff unmöglich gemacht werden.

Vorschläge werden durch Abstimmungsmechanismen geregelt, welche alle Teilnehmer gleichstellen und diesen dadurch mehr Kontrollmöglichkeiten über das Unternehmens geben. Ihr Herzstück sind Smart Contracts, welche nur durch Mehrheitsbeschlüsse von den Token-Inhabern geändert werden können.

Sie bietet Teilnehmern aus aller Welt die Möglichkeit, Vermögen, Geld und Konzepte zu koordinieren. Darüber hinaus fördert sie das Zugehörigkeitsgefühl, um gemeinsame Ziele zu erreichen.

Insbesondere durch die fortschreitende technologische Entwicklung und Automatisierung im Bereich Robotics wird diesen Organisationen durch komplette Selbstverwaltung eine goldene Zukunft vorhergesagt. Die große Herausforderung bei DAOs liegt in der genauen und exakten Erstellung der Regeln, mit welchen sie funktioniert.

## Supply Chain

Sie kann durch den Einsatz der Blockchain revolutioniert werden. Durch die Erzeugung einfacherer Verträge und durch kontinuierliches Tracking der entsprechenden Waren können Lieferketten von der Produktion bis zur Lieferung eindeutig dokumentiert werden und in der Herstellung Punkte wie Beschaffenheit oder Reinheit. Arbeitsschritte mit viel Papierkram, fehlende Integration und Schnittstellenprobleme sowie begrenzte Informationen über Lebenszyklus und Transporthistorie könnten der Vergangenheit angehören.

So wäre die Lieferkette eines Lebensmittels vom Ursprungsort bis zum finalen Supermarkt komplett transparent unveränderlich in einer Blockchain dokumentiert. Dies erlaubt einen rechtssicheren Austausch zwischen einer beliebigen Anzahl von Akteuren vom Lieferanten über den Produzenten, Großhändler, Logistikdienstleister, Einzelhändler bis hin zum Kunden. Vor allem umfangreiche Suchanfragen im Nachhinein können für Verzögerungen und hohe Verwaltungskosten sorgen.

Gerade bei Fleischprodukten wollen Verbraucher wissen, woher ihr Produkt kommt. Über eine Blockchain-Datenbank können sie das über einen QR-Code auf ihrem Smartphone erfahren und jeden einzelnen Abschnitt der Supply Chain nachvollziehen. Dazu zählen Herkunft (Fütterung und Aufzucht der Tiere), zeitliche Abläufe (Reifezeit, Transportdauer, Mindesthaltbarkeit) und Standort (des Aufzuchtbetriebs bzw. des Fleischprodukts entlang der gesamten Supply Chain).

Im Gegensatz zum herkömmlichem Track-&-Trace-System sind alle Blockchain-Applikationen sogar noch zusätzlich durch ihre Architektur automatisch und vollständig revisions- und rechtssicher.

Weitere Einsatzmöglichkeiten in der Supply-Chain mit dem Ziel von mehr Transparenz, weniger Leerlaufzeit und niedrigeren Kosten wären:

Bestätigung von Liefereingängen, voll digitalisierte Frachtpapiere, digitale Nachweise für den Haftungsübergang für Waren oder automatisierte Zollabfertigungen.

## Energiewirtschaft

Die Blockchain-Technologie könnte die Transparenz dieses Marktes durch Nachvollziehbarkeit von Transaktionen zu steigern und die Abrechnung privater Solaranlagen auf diese Weise optimieren. Eine solche positive Regulierung kann den angekündigten Energiewandel beschleunigen. Auch im Zuge der Elektromobilität kann die Abrechnung von E-Tankstellen auf eine solche Weise realisiert und der eigentliche Bezahlprozess gesichert werden.

Für den Einsatz von Elektromobilität bedarf es einer flächendeckenden Ladesäulen-Infrastruktur. Eine sehr dezentrale Verteilung und eine große Anzahl unterschiedlicher Betreiber lässt heutige Abrechnungsverfahren an ihre Grenzen stoßen. So kann sich der Prozess zur Erkennung des Nutzers bei einer Autorisierung an einer Ladesäule derzeit aufgrund einer Vielzahl von Anfragen bei unterschiedlichen Instanzen verzögern. Durch den Einsatz eines Blockchain-Verfahrens zur Erkennung der Fahrzeuge und zur Kommunikation sowie Abrechnung der bezogenen Strommenge kann die Abwicklungsgeschwindigkeit deutlich erhöht werden. Der Verbraucher an einem öffentlichen Bezugspunkt könnte unmittelbar erkannt und abgerechnet werden. Dies führt sowohl zu einem Komfortgewinn für den Kunden, zu einer Kostenreduktion für den Anbieter sowie zu einer detaillierten Abrechnung des tatsächlich bezogenen Stroms.

Teilnehmern kann zusätzlich ermöglicht werden, ihre privaten Ladestationen anderen E-Autofahrern zur Verfügung zu stellen. Bezahlung und Abrechnung erfolgt selbsttätig über Smart Contracts.

Ein denkbarer Einsatzzweck ist die Selbstorganisation des Strommarktes über Smart Meter, mit denen die Stromproduktion dezentraler Anlagen sowie der Verbrauch von Stromabnehmern überwacht wird. Durch die Blockchain könnte darüber hinaus ein Verbraucher, der mehr Strom benötigt, automatisch bei teilnehmenden Produzenten auf der Blockchain diesen Strom vorzugsweise in räumlicher Nähe einkaufen lassen. Auf diese Weise werden Umwege über Dienstleister und die Börse unnötig, was langfristig für eine Senkung der Stromkosten und eine sich selbst organisierende Stromlandschaft aus dezentralen Anlagen sorgen könnte.

Doch das Potenzial ist noch viel größer und Experteneinschätzungen zufolge könnte die Technologie theoretisch sogar die klassischen Versorger überflüssig machen. Denn mit Blockchain wäre es möglich, in einer Region Energieerzeugung und -verbrauch automatisch abzugleichen. Die Hauptfunktion eines Energieversorgers oder Netzbetreibers könnte damit hinfällig werden.

## Medizin

Wer auf Medikamente angewiesen ist, muss sich auch mit Nebenwirkungen auseinandersetzen und dafür gibt es den Beipackzettel. Das Problem dieses Beipackzettels ist, dass er nicht immer greifbar ist oder man ihn verloren hat. Im Urlaub oder auf Geschäftsreise kann es vorkommen, dass dieser Beipackzettel mit den Nebenwirkungen auf einer anderen Sprache geschrieben ist. Die Lösung wäre, ihn zu digitalisieren, um danach schneller zu suchen und ihn praktisch immer griffbereit zu haben.

Das Abrufen dieser Daten könnte beispielsweise mittels App und QR-Code funktionieren. Liegen diese Informationen in der Blockchain vor, so können weitere Informationen (Einnahmeempfehlungen, Ablaufdatum, Kaufdatum, Rezeptverwaltung) hinterlegt werden oder der Herstellungs- & Lieferprozess, um den Schwarzmarkt mit Medikamenten auszurotten.

Ebenso könnten Patientendaten auf der Blockchain sicher gespeichert werden, um so Daten viel einfacher an den Patienten sowie andere beteiligte Fachärzte ausgegeben werden. Damit müsste nicht jeder Arzt ständig auf einem anderen Weg die Patientendaten beantragen und dem Patienten auch keine Fotos, Dokumente oder CDs mitgeben. Ebenso hätten Ärzte in Krankenhäusern in extremen Notfällen vor einer zeitkritischen Operation Zugriff auf alle notwendigen Informationen über den Patienten.

Probleme existieren in der Speicherkapazität der massenhaften Daten und dem Datenschutz, falls Patientendaten in die falschen Hände geraten. Außerdem bei dem Abrufen der Daten, falls der Patient bewusstlos ist und im Anwendungsfalle die Daten freigeben muss.

Auch hinsichtlich der Corona-Pandemie bieten sich hier, Möglichkeiten Impfpässe digital auf der Blockchain zu erfassen. Die Gefahr, den Papierimpfpass zu verlieren oder auch das Fälschen dieser Ausweise wäre somit unmöglich.

## Versicherungen

Hier eignet sich die Blockchain beispielweise bei Schadensfällen oder Regulierungen, da dies nichts anderes als die Wette auf ein Ereignis ist, wo grundsätzliche beide Parteien auf den gleichen Ausgang hoffen.

Der Blockchain-Einsatz mittels Smart Contracts würde Kosten in Form von Provisionen und Margen in enormer Höhe einsparen und die Sicherheit erhöhen, da beide Parteien ihren Vertrag erfüllen müssen.

Vor allem die Abwicklung von Schadensfällen oder Versicherungsleistungen lässt sich somit automatisiert und gesichert darstellen. So kann z.B. erkannt werden, dass ein Kunde mehrere Anliegen für einen identischen Schadensersatzanspruch geltend machen will.

Die Blockchain ermöglicht es dem Versicherer und anderen Beteiligten so, schnell und unmittelbar auf Informationen zuzugreifen und sie aktuell zu halten (zum Beispiel Antragsformulare, Beweismittel, Polizeiberichte oder Prüfberichte von Dritten). Nutzt man die Daten aus Mobiltelefonen oder Sensoren, lassen sich die Schadensmeldung vereinheitlichen sowie die Kosten für die Schadensregulierung senken und die Kundenzufriedenheit steigern. Dabei erleichtern Blockchain-Systeme die Kommunikation und Koordination zwischen allen Beteiligten wesentlich.

Beispiel: Ein Sensor sendet eine Warnmeldung an den Versicherer, sobald sich ein Unfall ereignet hat und automatisch eine Schadenmeldung erfolgt. Daraufhin werden alle nötigen Daten sicher an zuvor festgelegte und medizinische Dienste weitergeleitet, an Abschleppdienste oder Werkstätten. Auch hier bildet die Blockchain das Netzwerk, das Daten verbindet und von verschiedenen Geräten und Anwendungen anfordert.

Ähnlich könnte man Sensordaten, Satellitenbilder, mobile Technologien und Blockchain einsetzen, um bei Naturkatastrophen Rettungsdienste bereitzustellen und die Schäden zu regulieren. Die aktuellen Daten von Wetterstationen könnten helfen, Schäden zu beziffern. Die Blockchain würde dabei gewährleisten, dass die Daten automatisiert, schnell und sicher vor Betrug weitergemeldet werden.

Außerdem wäre der Versicherungsnehmer über einen Smart Contract sicher, dass er nicht der willkürlichen Entscheidung eines Versicherungsunternehmens unterliegt. Wie oft hat man es schon gehört, dass sich dieser seiner Zahlungspflicht nach einem Schadenseintritt entzieht, indem er sich auf irgendwelche Vertragsklauseln beruft?

Vorreiter war hier die Axa mit dem ersten Blockchain-Versicherungsangebot Fizzy.

## Selbstfahrende Autos

Mechanismen für fahrerlose Autos könnten den Versicherungsunternehmen bereitgestellt werden, um effiziente und zuverlässige Versicherungspakete zu schnüren. Sensoren im Fahrzeug kommunizieren dabei über eine Zentraleinheit mit den Sensoren in anderen Fahrzeugen und mit anderen Knotenpunkten wie Ampeln und Sicherheitskameras. Während der Fahrt würde das Auto also eine Anfrage an die Ampel stellen, um herauszufinden, wann sie auf grün schaltet und um die passende Fahrgeschwindigkeit zu berechnen. Wenn ein Hindernis bemerkt wird, teilt es diese Daten mit anderen Autos, sodass diese alle gleichzeitig reagieren.

Selbstfahrende Autos könnten in Zukunft Passagiere befördern und Taxiunternehmen durch ein Blockchain-Unternehmen ersetzt werden. Jeder könnte dann als Investor digitale Anteile an den Gewinnen des Unternehmens erwerben.

Eine Blockchain würde dieses System auch sicherer machen als ein zentrales, da es deutlich schwieriger gehackt werden könnte. In dem Fall würde ein Fahrzeug beispielsweise erkennen, dass etwas im Vergleich zu anderen Fahrzeugen nicht korrekt im Programmablauf wäre, und das System würde es dazu bringen, an die Seite zu fahren und stehen zu bleiben.

Unternehmen wie Tesla und Uber arbeiten bereits an entsprechenden fahrbaren Lösungen hinsichtlich Transportes und erhöhter Sicherheit im Straßenverkehr.

## Internet of Things (IoT)

Iot bietet die Verknüpfung von Geräten mit dem Internet und dadurch die Möglichkeit, dass diese miteinander kommunizieren können. Ein Kühlschrank könnte demnach automatisch Lebensmittel bestellen oder der Fernseher sich selbst zum Fußballspiel seiner Lieblingsmannschaft einschalten.

Über eine Blockchain würde die Macht über diese Geräte zu den Geräten selbst wandern, die Gefahr von Hackerangriffen reduzieren und das Vertrauen in diese Technik erhöhen.

Wenn die Macht von den Menschen zu den Maschinen weicht, gibt es jedoch andere Herausforderungen (Thermostat).

Das aktuell bekannteste Projekt in diesem Bereich ist IOTA, welche Daten als das neue Öl betrachtet. Das größte Hindernis von „Big Data", ist die Tatsache, dass die überwiegende Mehrheit der Daten eingeschlossen bleibt und diese nicht zugänglich sind, was zu enormen Mengen an verschwendeten Daten führt. Vor dem Internet wurden wichtige Daten in den Unternehmen, die ihre Dateien gesammelt haben, weggesperrt. Jetzt können Unternehmen dazu angeregt werden, ihre Daten auszutauschen und Innovationen und technologische Fortschritte noch schneller umzusetzen.

Der IOTA-Data-Marktplatz wächst rasant und erwirbt riesige Datenmengen, die dazu bestimmt sind, die Zukunft der Technologie zu gestalten.

**Wetten & Glückspiel**

Bei Wetten wird gewährleistet, dass man sich an die Abmachung hält, da dies durch Smart Contracts abgesichert wird. Dies ist sogar kostengünstiger als bei zentralisierten Varianten. Gewinnwahrscheinlichkeiten würden sich über den freien Markt ergeben, wodurch bessere Quoten als in Wettbüros entstehen würden. Jedoch wäre der Wettmarkt unreguliert und es könnten unmoralische Wetten abgeschlossen werden (z.B. über Tod eines Menschen).

Beim Glückspiel besteht vor allem online die Gefahr der Manipulation. Durch Open-source-Systeme auf einer Blockchain würde man dieses Problem lösen können. Beim Poker könnte man durch einen Public Key die korrekte Verteilung der Karten sehen, seine Karten aber nur mit dem Private Key einsehen. Durch Offenlegung der Karten nach dem Spiel würde man sehen, dass niemand geschummelt hat, und alles würde in einem Smart Contract festgehalten werden.

Das einzige Hindernis in der Umsetzung könnten hier die Gesetze der Länder sein.

## Rechtsprechung

Statt über Richter könnten Urteile über Smart Contracts gefällt werden, wodurch Fehlentscheidungen und Befangenheiten vermieden werden.

Urteile würde ohne Empathie gefällt werden und es ist fraglich, ob sehr komplexe Fälle so abgebildet werden können.

China gründete beispielsweise im September 2018 den „Internet Court", der heutzutage in Zusammenarbeit mit künstlicher Intelligenz inzwischen mehrere Millionen Fälle im Jahr ohne richterliche Hilfe beigelegt hat. Das Internet-Gericht wendet dabei KI und Blockchain an, um Urteile zu fällen, und erkennt dabei Blockchain-Beweise als rechtskräftig an.

Komplett auf menschlichen Einfluss verzichten kann dieses Gericht noch nicht. Die Wahrscheinlichkeit, dass Blockchain und KI die Gerichtsprozesse vollständig autonom durchführen, dürfte jedoch nicht in allzu weiter Ferne liegen. Durch diese Art der Rechtsprechung können außerdem rechtkräftige Entscheidungen schneller und kostengünstiger herbeigeführt werden.

## Wahlsysteme

Die Blockchain kann zur Sicherung und Aufzeichnung staatlicher Wahlprozesse dienen. 2/3 aller Länder sind partielle Demokratien und auf Wahlkonsens angewiesen, um Regierungen zu wählen oder Volksabstimmungen durchzuführen. Konventionelle Wahlsysteme gehören dabei zu den veraltetsten, ineffizientesten und manipulationsanfälligsten Bereichen der modernen Regierungsführung.

Innerhalb einer Blockchain, welche für alle Teilnehmer komplett anonym aufgesetzt werden kann, könnte die Gültigkeit jedes einzelnen Stimmzettels nachverfolgt werden, ohne die Privatsphäre des Wählers zu verletzen, oder die Stimmen könnten effektiv mit einem Zeitstempel versehen und an anderer Stelle aufgezeichnet werden. Außerdem wird die Manipulation des Wahlergebnisses oder eine doppelte Stimmabgabe ad absurdum geführt, da der zentrale Punkt durch einen Konsensmechanismus ersetzt wird und jeder berechtigte Wähler mit seinem Private Key signieren würde, wofür er seine Stimme abgibt. In Ländern, in denen Menschen beim Wählen bedroht werden, könnten diese ihre Stimme einfach von zu Hause aus abgeben.

Mithilfe der Blockchain ließen sich Fehler bei der Auszählung vermeiden, Kosten einsparen und Ergebnisse lägen schneller vor. Entscheidend ist, dass eine neutrale, vertrauenswürdige Instanz die Technik zur Verfügung stellt und der Schutz vor Cyberattacken gewährleistet wird. Ein entsprechendes System würde sich genauso gut schnell, transparent und kostengünstig für Volksabstimmungen umsetzen lassen, wie es bereits der Kanton Zug 2018 erstmals umgesetzt hat. Der Zugang zum Internet ist eine Grundvoraussetzung für digitale Wahlen.

Seit der US-Präsidentschaftswahl 2020 und den Vorwürfen des Wahlbetrugs ist dieses Thema relevanter denn je und die Europäische Union forscht bereits an der Tauglichkeit der Blockchain für Wahlen.

## Was erwartet uns?

Aktuell stößt die Blockchain-Technologie immer noch auf viel politischen Widerstand aus Angst der Regierungen vor der Entwertung ihrer FIAT-Währungen. Das Potenzial ist unbestreitbar und wird durch zahlreiche neue Investitionen von Firmen oder Zentralbanken untermauert. Das größte Hindernis ist jedoch kultureller Natur, denn die Art und Weise, wie viele Menschen und Organisationen die Blockchain hinsichtlich ihres Geschäfts betrachten, hält ihre flächendeckende Einführung zurück.

Wie in den vergangenen Jahren bleibt sicher auch die Regulierung der Krypto-Branche ein zentrales Thema. Denn durch das Fehlen eines klaren Rahmens kann die Innovation zum Erliegen kommen. Innovative Konzepte wie DeFi, NFTs und das Metaverse machen die Regulierung dieser Branche noch schwieriger. Regulierungsbehörden und politische Entscheidungsträger müssen einen rechtlichen Rahmen für das Metaverse schaffen, was in der virtuellen Welt getan werden kann und was nicht.

Das dezentrale Finanzwesen wird zweifellos auch das Interesse der Regulierungsbehörden auf sich ziehen, denn die derzeitigen Regulierungsrichtlinien lassen sich möglicherweise nicht auf den DeFi-Bereich anwenden, weshalb es dann ein ganz neues Regulierungsmodell braucht.

Ein weiterer wichtiger Punkt ist die Verbindung von DeFi mit KYC-Anforderungen und dem Datenschutz der Nutzer. Hier muss ein gewisses Maß an gesetzlicher Regulierung gefunden werden. Institutionelle und nicht-institutionelle DeFi-Nutzer müssen früher oder später die Vorschriften einhalten, weshalb es eine Lösung sein könnte, die KYC-

Authentifizierung direkt auf der Blockchain stattfinden zu lassen.

Falls Menschen von der Blockchain gehört haben, dann meist im Zusammenhang mit Bitcoin und dann meist mit fehlerhaften oder ungenauen Darstellungen der Medien. Blockchain ist die Möglichkeit wirtschaftliche Gerechtigkeit in der Welt zu schaffen und zu etablieren.

Die digitale Transformation ist zu einer zentralen Herausforderung für Unternehmen geworden. Die Blockchain-Technologie verspricht, diese Entwicklung in den nächsten Jahren zu prägen, da sie einen wesentlichen Beitrag zur nächsten Stufe des Internets mit Milliarden von vernetzten Geräten leisten wird.

Es besteht aktuell jedoch eine Lücke zwischen diesen hohen Erwartungen und der geringen Anzahl an marktreifen Anwendungen und konkreten Erfahrungen zur technischen Umsetzbarkeit sowie zu wirtschaftlichen Mehrwerten.

Es ist außerdem absehbar, dass der derzeitige regulatorische Rahmen bestimmte Blockchain-Anwendungen nicht vollumfänglich abbilden kann.

Zitat von Cisco vom World Economic Forum:
„10 % of global GDP will be stored in Blockchain by 2027.“ (Bruttoinlandsprodukt)

Quelle: https://cryptonews.net/editorial/analytics/cisco-10-of-global-gdp-will-be-stored-in-blockchains-by-2027/

Die Rolle von NFTs wird im Jahr 2022 und darüber hinaus sehr wahrscheinlich weiter zunehmen und es ist zu erwarten, dass ihr Einsatzbereich über Avatare, virtuellen Räume oder wirtschaftliche Aktivitäten ausgeweitet wird.

Das Metaverse dreht sich momentan noch hauptsächlich um Spiele. Doch die Technologie hat jedoch ein enormes Potenzial, die Grenze zwischen der realen und der virtuellen Welt zu verwischen.

Das letzte Jahr war ebenso geprägt von zahlreichen Blockchain-Sicherheitsvorfällen. Versicherungsprotokolle könnten in Zukunft eine Lösung darstellen und Code-Audits müssen dieses Jahr in der gesamten Blockchain-Branche zur Norm werden. Ein Audit kann dabei helfen, Fehler oder Probleme zu erkennen, bevor die Smart Contracts in einer Live-Umgebung zum Einsatz kommen. Durch die zunehmende Finanzierung von Wirtschaftsprüfungsunternehmen werden diese immer mehr dazu beitragen, weitere Risiken in der Blockchain-Branche zu eliminieren. Es liegt jedoch weiterhin auch an den Entwicklern und Programmierern, den Code überprüfen zu lassen.

Wir befinden uns aktuell in der Übergangsphase von Blockchain 4.0 zu Blockchain 5.0, welche die Zukunft der Krypto-Landschaft beschreibt und sich auf neue Technologien bezieht, welche sich noch in der Entwicklung und Erprobung befinden. Ihr Ziel ist es, die Blockchain besser, effizienter und vor allem anwenderfreundlicher zu gestalten.

Der Ansatz der ersten Generation, wie beispielsweise Bitcoin, verwendet die Blockchain zur Implementierung der Distributed-Ledger-Technologie. Jede Transaktion basiert dabei auf der vorherigen und schafft dadurch ein sicheres und vertrauenswürdiges Netzwerk, wobei in der Regel der

PoW-Konsensmechanismus für die Überprüfung der Transaktionen verantwortlich ist.

Die Nachteile hier sind der benötigte Energieverbrauch, welcher mit der Größe des PoW-Protokolls steigt, und die dadurch steigenden Transaktionsaktionskosten. Aufgrund dieses Stromverbrauchs haben einige Länder bereits das Mining verboten und das Crypto Trading stark eingeschränkt.

Um genau Lösungen für diese Probleme zu finden, wurde die Blockchain 2.0 mit dem Konzept des PoS entwickelt und heute durch das DPoS weiterentwickelt. Im Zuge der Blockchain 2.0 sind Ethereum und die Smart Contracts zu nennen. Sie hat den Funktionsumfang der Blockchain 1.0 erheblich erweitert und ist deutlich besser als die Vorgängerversion, aber zentrale Probleme, wie die Skalierung sind noch immer existent. Zentrale Zahlungsdienstleister wie VISA und Mastercard können im Durchschnitt über 1.500 Transaktionen pro Sekunde abwickeln und bei Paypal sind es etwa 10 Millionen Transaktionen pro Tag.

Blockchain 3.0 ist eine aktualisierte Version von Blockchain 2.0, die entwickelt wurde, um die bestehenden Probleme zu lösen und gleichzeitig schnellere, kostengünstigere und effizientere Transaktionen zu ermöglichen. Wo die Blockzeit bei Bitcoin bei 10 Minuten und bei Ethereum 20 Sekunden liegt, so können DAGs in der Blockchain 3.0 Transaktionen fast in Echtzeit verarbeiten, was die Blockchain für alle Player der Finanzindustrie noch interessanter macht.

Die Blockchain der dritten Generation konzentriert sich darüber hinaus auch auf die Lösung der Probleme Energieverbrauch (neue Konsensmechanismen), Sicherheit, Kosten, Interoperabilität und Benutzerfreundlichkeit. Hierdurch soll es Unternehmen und Privatpersonen einfacher gemacht werden, die Blockchain-Technologie anzuwenden und nicht nur auf den Handel mit einer Internetwährung zu beschränken.

Eine weitere Möglichkeit, um die Blockchain 3.0 nutzen zu können, bietet die Kryptowährung EOS, welche eine Open-Source-Software anbietet, die eine vertikale und horizontale Skalierung von DApps ermöglicht. Die verwendete Blockchain-Architektur verbessert die Skalierbarkeit, beseitigt Benutzergebühren und ermöglicht eine einfache Bereitstellung von DApps.

Gleiches gilt für die Internetwährung NANO, welche eine Blockgitterstruktur verwendet. Jedes Benutzerkonto verfügt dabei über eine Blockchain-Aufzeichnung, die asynchron über eine DAG auf alle Blockketten im Netzwerk aktualisiert wird. Die Plattform bietet schnelle Transaktionen sowie eine unendliche Skalierbarkeit. Sie benötigt minimale Ressourcen für den Betrieb der Plattform.

Mit Blick auf die Weiterentwicklung zur Blockchain 4.0 wurden die durchschnittlichen Blockgrößen auf 256 Bytes verkleinert und die Transaktionsbestätigungszeiten weiter verkürzt.

Auf dem aktuellen Weg in die Blockchain 5.0 könnten durch neue und zusätzliche Plugins Transaktionen gegebenenfalls noch schneller abgewickelt werden oder User mit einer intuitiven Benutzeroberfläche einer Blockchain interagieren und damit neue Möglichkeiten nutzen.

Die derzeitige Technologie kann das Volumen der Mikrotransaktionen, die für eine weltweite Massenanwendung notwendig sind, nicht verarbeiten und durch Blockchain

5.0 gibt es bereits verschiedene Ansätze, um die Einschränkungen der Skalierbarkeit zu überwinden. Beispiele dafür sind das Lightning Network, Maschennetze sowie Blockgitterstrukturen.

Eine Transaktion wird erstmalig sicher bald bereits in einem komplett dezentralen System nach weniger als drei Sekunden bestätigt und ermöglicht bis 80.000 Transaktionen pro Sekunde bzw. 7 Milliarden pro Tag. Da nur eine geringe Rechenleistung notwendig ist, können dann auch kostengünstige Desktoprechner und Mobilgeräte eingesetzt werden.

## Umsetzung

Das Internet hat in den frühen 2000ern zu einem regelrechten Boom von Unternehmensgründungen geführt und die Blockchain-Technologie ist inzwischen bereits auf einen ähnlichen Zug aufgesprungen.

Durch diese Technologie haben Menschen oder Start-ups aus der entlegensten Ecke der Erde die Möglichkeit, über das Vertrauen, welches die Blockchain mit sich bringt, am Marktgeschehen mitzuwirken.

So könnte ein Teenager aus Äthiopien mit einer problemlösenden Idee ein Banking-Unternehmen gründen, welches in kürzester Zeit weltweit Kunden bedient und Volumina von Milliarden bewegt.

Wie die Umsetzung einer solchen Idee von statten gehen sollte und was man dabei zu beachten hat, zeigen die folgenden Seiten auf.

## Problemlösung

Die Blockchain löst Probleme, die wir alle als unveränderbar akzeptiert haben, und liefert Lösungen, an die wir vorher nicht gedacht haben. Dabei geht es darum, reale Probleme zu erkennen, passende Lösungen zu erarbeiten und diese letztendlich umzusetzen.

Hierbei sollte man sich stetig folgende Fragen stellen:

- Was stört mich selbst im alltäglichen Leben und könnte dies noch mehr Menschen stören?
- Für welche Leistungen gebe ich unnötig Geld aus und wie könnte man dies umgehen?
- Welche Services dauern unnötig lange und könnten schneller durchgeführt werden?
- Wo in Unternehmen gibt es Prozesse, welche aufgrund von fehlendem Vertrauen ineffizient sind?

## Blockchain oder doch lieber eine zentrale Datenbank?

Als erstes stellt sich vor einer möglichen Umsetzung die Frage, ob man eine Blockchain für die Lösung des entsprechenden Problems benötigt oder ob nicht eine zentrale Datenbank völlig ausreichend ist.

Entsprechende Entscheidungsfindungsmodelle gibt es im Internet zuhauf. Die aus meiner Sicht beste Übersicht hierzu liefert Jeremy Gardner, welche im Internet unter folgender Adresse zu finden ist:

https://medium.com/@sbmeunier/when-do-you-need-blockchaindecision-models-a5c40e7c9ba1

## Blockchain im Startup

Überprüfe durch gründliche Recherche als allererstes unbedingt, ob es schon ein Start-up oder etabliertes Unternehmen gibt, welches an einer ähnlichen Idee arbeitet und die ersten Schritte eventuell bereits gegangen ist. Sollte dies so sein, so stelle dir die Frage, ob du als Wettbewerber auftreten oder dich dem bestehenden Projekt nicht vielleicht sogar anschließen möchtest.

Ein Team sollte immer aus mindestens zwei oder im Idealfall drei Personen bestehen. Dem Programmierer, dem Designer und dem Vertriebler für Partnerschaften und Marketing. Sobald dieses Kernteam steht, sucht man sich dann Spezialisten für die einzelnen Bereiche. Hier braucht man einen langen Atem, da die Entwicklung auf der Blockchain meist ein paar Jahre dauert und das Produkt erst noch intensiv am Markt bekannt gemacht werden muss. Das Investment sollte dabei immer vorrangig in das Team und nicht in die Idee laufen.

Finanzierungswege

a) Investoren, die Startups suchen und Beträge von meist bis zu 50.000€ investieren. Sie sind auf LinkedIn oder auf verschiedensten Events der Branche zu finden. Denkbar wären aber genauso gut Freunde und Familie, welche das Projekt unterstützen möchten.
b) Venture Capitalists oder Fonds, welche in der Regel Summen von 100.000€ bis zu einer Million in aussichtsreiche Geschäftsmodelle investieren.
c) Crowdfunding und Initial Coin Offerings

Ein Initial Coin Offering (ICO) ist die Einführung einer eigenen Kryptowährung, welche entweder über eine eigene Blockchain oder über eine bestehende wie Avalanche oder Ethereum in Form eines Token basierten ICO angeboten wird. Dies lässt sich mit einem Börsen-Listing und der Ausgabe von Aktien vergleichen. Investoren tragen dabei ein Risiko vergleichbar mit der Beteiligung an einem Start-Up mit allen Vor- und Nachteilen.

**Entscheidend für eine erfolgreiche und richtige Durchführung sind folgende Punkte**

- Eine einmalige und stringent durchdachte Idee, welche ein vorhandenes Problem löst. Diese Idee sollte bereits als minimal brauchbares nutzenbringendes Produkt existieren und dazu dienen, möglichst schnell Nutzerfeedback zur zielgerichteten Weiterentwicklung zu erhalten
- Neben dem bestehenden Kernteam sollte noch vor der ICO ein Team mit Experten aus Entwicklern, Produktmanagement, Rechtsabteilung und Marketing vorhanden sein
- Die rechtliche und finanzielle Token-Struktur muss sicher aufgesetzt sein. Hier geht es um Fragen wie maximale Kaufsumme, angebotene Menge, Startpreis, Ausgabeland, Funktionsart und ob es sich um einen Utility oder Security Token handelt
- Ein gutes Produkt braucht neben einer Problemlösung auch einen hohen Bekanntheitsgrad. Hierbei ist zielgruppengerechtes Marketing unerlässlich auf dem Weg zum Erfolg. Dabei kann zum Beispiel die Zusammenarbeit mit Influencern helfen oder das Durchführen von sogenannten Airdrops, um kurzfristig Aufmerksamkeit zu erhalten
- Beim Rechtlichen sollten man am besten anfangs alles so einfach wie möglich halten und später im Detail erarbeiten
- Sobald man dann ins Handeln kommt, sollte man darauf achten, immer flexibel zu agieren und die Idee eventuell auch anzupassen und/oder zu überarbeiten

- Wichtig ist immer möglichst schnell mit dem Produkt den Markt zu betreten, ohne dass es sich hierbei um die fertige Version handeln muss. Ziel muss es sein, damit schnell Kunden, Investoren und neue Teammitglieder zu überzeugen, um die Idee und das Produkt voranzutreiben
- Da dieser Weg, wie bereits erwähnt, Jahre dauern kann und der Erfolg meist von heute auf morgen unerwartet eintritt, sollte man seine Festanstellung nicht sofort kündigen, aber muss sich auf als Unternehmer auf lange Arbeitszeiten und eine hohe Doppelbelastung einstellen.

### Blockchain in einem bestehenden Unternehmen oder einer öffentlichen Einrichtung

Sofern man einem kleinen oder mittelständischen Unternehmen arbeitet oder gar selbst eines besitzt, ist man deutlich agiler als ein großer Konzern oder eine staatliche Einrichtung, welche dafür deutlich mehr Ressourcen hat. Vorteile gegenüber einem Start-up sind hier vorhandenes Kapital, eigener Kundenstamm und die unternehmerische Erfahrung. Durch optimale Ausrichtung auf die Blockchain ist so ein sehr gutes Nutzen-Risiko-Verhältnis erreichbar.

In einem Konzern sind hingegen zwar genügend Ressourcen vorhanden, aber das Management muss von der Idee überzeugt bzw. hinsichtlich der Idee ausgebildet werden. Das heißt, die Entscheider müssen erst einmal über die Gefahren und Potenziale der Technologie aufgeklärt werden. Hier ist es wichtig, nicht als Besserwissen aufzutreten, sondern mit Büchern und Vorträgen zu arbeiten. Nach Überzeugung des Managements ist es erforderlich ein Proof of Concept zu kreieren und vorerst die Dinge im Kleinen zu testen, bevor sie großflächig ausgerollt werden.

Bei genügend Kapital kann es hier auch sinnvoll sein, ein Start-up mitsamt Team und Know-how zu übernehmen.

## Initial Coin Offering (ICO)

Der Ablauf einer ICO gliedert sich in verschiedene Teilbereiche.

Als erstes benötigt man ein sogenanntes Whitepaper, eine Beschreibung des Projekts, in welchem das Geschäftsmodell oder Vorhaben sowie seine technischen Spezifikationen aufgeführt werden.

Außerdem sind darin gegenwärtige Marktdaten sowie Einschätzungen für das zukünftige Wachstum gegeben. Abgerundet wird das Whitepaper durch Angaben und Auflistungen der Mitglieder des Teams, der Berater sowie der Partner. Inhaltlich werden folgende Punkte dargelegt:

- Einführung in das Thema und Projekt inklusive Problembeschreibung
- Beschreibung und Anwendung des Tokens
- Detaillierte Produktbeschreibung und Lösungen
- Erläuterung der Risikofaktoren
- Angaben zu Team und Partner
- Roadmap
- Haftungsausschluss

Von besonderer Bedeutung ist im Whitepaper eine Erläuterung zukünftiger Entwicklungspläne. Ein genauer Arbeitsplan für einen Zeitraum von mindestens zwölf Monaten sollte vorhanden sein, wobei auch ein Beta-Start berücksichtigt wird. Im Idealfall sind bereits einige Aufgaben dieser Roadmap erfüllt. Ebenso sollten Sie potenzielle Interessenten und Investoren über die geplante Aufteilung der Token aufklären. Anleger haben ein Interesse daran, zu erfahren, welcher Teil der investierten Summe im Unternehmen verbleibt und welcher an die Anleger fließt.

Grundsätzlich dient es dazu, potenzielle Investoren von Ihrem Projekt zu überzeugen und ist eine Kurzform eines Businessplanes.

Danach muss entschieden werden, ob man eine komplett eigene Blockchain aufsetzen will oder ob man eine bereits existierende Blockchain nutzt und man deren darunterliegendes System bezahlt. Heutzutage nutzen der Einfachheit halber die meisten Unternehmen andere Plattformen als Basisstruktur.

Will man jedoch sein eigene Blockchain starten, muss man einige Punkte im Vorfeld klären:

- Welcher Konsensus-Algorithmus soll genutzt werden?
- Soll die Blockchain public, private oder konsortial sein?
- Wie werden Updates durchgeführt?
- Sollen die Coins mengenmäßig beschränkt sein und deflationär wirken?
- Sollen Smart Rules vorherrschen oder starre feste Regeln existieren?
- Soll ein Development Fund vorhanden sein?

In einem anschließenden ICO-Plan entwickelt man dann eine Roadmap für die Ausgabe von Token/Coins an Anleger und legt sich auf ein Token Art fest.

Hier hat man die Wahl zwischen folgenden Typen:

<u>Kryptowährung:</u>

Coins (Bitcoin, Ether, Litecoin, etc.) sind das native Produkt ihrer Plattform und können auch außerhalb derer genutzt werden, während sich Token innerhalb eines Ökosystems bewegen.

Tokens basieren auf einer zugrunde liegenden Blockchain und eine eigenständige Blockchain ist keine Voraussetzung für die Herausgabe von Token. So basieren die bekannten ERC-20-Token auf der Blockchain der Kryptowährung Ethereum.

Die Einordnung als Coin bedarf als Voraussetzung einer eigenen Blockchain. Coins dienen überdies in erster Linie als Zahlungsmittel und haben nicht zwingend einen anderen Verwendungszweck.

Security Token:

Security Token sind tokenisierte Anteile an einer Firma und beziehen ihren Wert vor allem dadurch, dass man einen Teil des dahinterliegenden Systems „besitzt". Oft wird an alle „Share-Holder" eine Art Dividende ausgezahlt. Entweder kommt diese Dividende aus den Transaktionsgebühren oder ist ein Teil des Umsatzes, welcher mit dem System erwirtschaftet wird. Eine weitere erfolgreiche Art der Dividendenausschüttung ist das virtuelle Zerstören von Coins („Coin burn"). Durch die Abnahme der verfügbaren Menge an Token steigt der Wert der verbliebenen Token. Sie sind Assets wie Kapitalanlagen auf Token Basis und werden als solche auch eindeutig beworben. Die Aufsichtsbehörden behandeln sie regulatorisch wie traditionelle Wertpapiere. So sind die Unternehmen beispielsweise verpflichtet, einen so genannten Wertpapierprospekt zu erstellen, bevor sie Security Token emittieren dürfen.

Utility-Token:
Der Begriff Utility-Token beschreibt eine Token-Art, die ihren Nutzern bestimmte, klar abgegrenzte Rechte einräumt. Wer über Utility-Token verfügt, ist berechtigt zur Nutzung bestimmter Services oder Funktionen. Stimmrechte oder Gewinnbeteiligungen sind jedoch bei dieser Form von Token nicht vorgesehen. Einen spezielleren definitorischen Ansatz ermöglicht die US-amerikanische Börsenaufsicht SEC und definiert bestimmte Voraussetzungen, die erfüllt sein müssen, damit Tokens als Utility-Token eingestuft werden können:

- keine monetären Anreize zum Besitz der Tokens
- keine Ausschüttung von Belohnungen
- keine Proof-of-Stake-Rewards
- keine Verbrennung und damit Verknappung der Tokens (was einer Wertsteigerung gleichkäme)

Asset-Token:
Ein Asset-Token ist an realwirtschaftliche Güter geknüpft und repräsentiert diese als Sicherheit. Zugrunde liegende Anlagepositionen sind beispielsweise Edelmetalle Unternehmensanteile, Rohstoffe, Immobilien oder Betriebsmittel.

Aufgrund der Verknüpfung mit real existierenden und physischen Gegenwerten kann man auch als Form einer Beteiligung zu werten und sie können Gewinnbeteiligungen und sogar Stimmrechte versprechen. Aus diesem Grunde wertet man sie auch als prospektpflichtige Anlageformen.

Rund 40 Prozent aller Vermögenswerte sind nicht bankfähig. So etwa die Luxusvilla oder eine Sammlung von

Juwelen. Die Krypto-Technologie bietet hier neue Perspektiven für ein solches Investment, denn durch digitale Asset-Token ist der Handel mit beliebigen Vermögensanteilen durchführbar. Je mehr Tokens jemand besitzt, desto größer ist seine Entscheidungsmacht.

Equity Token:
Equity Token sind eine Variante von Security Token und stellen einen Vermögenswert oder einen Schuldtitel dar. Im Gegensatz zum Security Token sind sie jedoch immer mit der Vergabe von Anteilen am zugrundeliegenden Unternehmen und Stimmrechten verbunden, was sie zum digitalen Äquivalent der Aktien oder Futures macht.

Ziel der ICO/ITO ist es, ein vorab definiertes Budget zu erreichen. Im weiteren Verlauf der Finanzierung werden Coins/Token auf Basis bestimmter Kryptowährungen und/oder Fiat-Geld erworben. Mit der Höhe des investierten Kapitals steigt die Anzahl der Token, die Investoren erhalten. Die Token sind mit verschiedenartigen Rechten verknüpft. Bei einem Equity-Token erhalten Anleger eine tatsächliche Unternehmensbeteiligung. Diese Form von ICO ist am engsten mit einem IPO im Sinne eines Börsengangs verwandt.

Die öffentliche Platzierung von Unternehmensanteilen ist rechtlich absolutes Neuland, das nur wenige Start-ups betreten. Die deutsche Finanzaufsichtsbehörde BaFin hat bislang keinen Präzedenzfall für Unternehmensbeteiligungen auf Basis von Equity-Tokens geschaffen und prüft auch ICOs. Bislang sind im Rahmen aller bekannten Initial

Coin Offerings in Deutschland bis auf wenige Ausnahmen nur so genannte Utility-Token ausgegeben worden.

Eine weitere wichtige Entscheidung betrifft die Wahl der Plattform beziehungsweise Blockchain, auf der das ICO erstellt wird. Die Unterschiede der zu wählenden Plattform betreffen die Transaktionsgeschwindigkeit, die Kosten pro Transaktion sowie die Datensicherheit. Ein großer Anteil aktueller ICOs basiert auf der Plattform von Ethereum, welche eine der bekanntesten Technologien zum Start des ICOs darstellt und mit vergleichsweise geringen technischen Hürden verbunden ist.

Der Erfolg hängt im Wesentlichen von einer kompetenten Mannschaft ab und das Team sollte nicht nur aus Unternehmern bestehen, sondern auch Entwickler beinhalten. Vertrauenswürdigkeit und Reputation der Teammitglieder ist eine wesentliche Voraussetzung dafür, Investoren bei ihren Anlageentscheidungen zu überzeugen. Bisherige Leistungen und bereits erworbene Reputationen der Mitglieder des Teams sind dabei von Vorteil, weshalb auch vorhandene Erfahrung mit Blockchain-basierten Projekten eine wesentliche Rolle spielen. Verfügt das Team über keine geeigneten Personen für zentrale Aufgaben, sollten diese an externe Dienstleister delegiert werden. Die Bereiche, in denen Experten unersetzlich sind, umfassen neben der Blockchain-Technologie und rechtlicher Beratung auch die Geschäftsentwicklung sowie das Marketing. Auch Aspekte der technischen Entwicklung sowie der Finanzen sind im Team zu berücksichtigen.

Ein ICO-finanziertes Projekt lässt sich überzeugender vermitteln, wenn man potenziellen Kunden und Investoren bereits ein Prototyp präsentieren kann, der beweist, dass das Projekt auch funktioniert.

Zuallerletzt und von ähnlich wichtiger Bedeutung wie das Whitepaper ist die Gestaltung des Webauftritts, um potenzielle Investoren zu überzeugen. Geht es darum, einen ICO zu erstellen, so wollen Anleger sich sämtliche relevanten Informationen auf einen Blick erschließen können. Die Daten und Fakten sollten informativ und verständlich aufbereitet sein. Grundsätzlich gehören zu den wichtigsten Informationen:

- Beschreibung des Produkts oder Projekts
- Beschreibung des Tokens und der Plattform
- Erläuterung der Vorzüge des Projekts für Partner
- Angaben zu Team und Board
- Angaben zu den Partnern
- Erläuterung der Roadmap

Der Fokus in der Gestaltung sollte auf einem nutzerfreundlichen Design liegen und en responsives Webdesign, das die Ausgabe des Webauftritts an das genutzte Endgerät anpasst, gehört zum Standard.

Ein weiteres Ziel des Webauftritts besteht in der Leadgenerierung. Darunter ist die Gewinnung von Kunden- oder Investorendaten zu verstehen. Diese Daten erhalten Sie durch die Bereitstellung durchdachter Kommunikations- und Interaktionsmöglichkeiten. Dazu gehören etwa Formulare, in denen Interessenten ihre Daten hinterlegen oder Fragen stellen können. Diese Daten lassen sich im weiteren Verlauf des Geschäfts etwa für Marketing-Kampagnen einsetzen.

Wirkungsvolle Marketingkampagnen können auch durch einen Airdrop gefahren werden, bei welchem Coins oder Token kostenlos entweder gezielt an einzelne Investoren oder per Zufall an verschiedene Wallet-Adressen verteilt werden. Die Initiatoren erhoffen sich dadurch meistens eine größere Bekanntheit ihrer eigenen Kryptowährung. Wo es etwas umsonst gibt, stehen Menschen Schlange. Sie erzählen von der Aktion weiter und Medien berichten darüber. Solche Airdrops sind in etwa mit Warenproben zu vergleichen.

Eine weitere Form geht oft damit einher, dass bestimmte Aktionen durchgeführt werden müssen, um in den Genuss kostenloser Coins zu kommen. Wer beispielsweise einen Newsletter abonniert oder auf Twitter/Telegramm das vorgegebene Hashtag nutzt, macht beim Airdrop mit. Die Herausgeber sammeln so Informationen über ihr Zielpublikum.

# Nachwort

Wie in den letzten Jahren wird sich sicher auch in Zukunft zeigen, dass weder rein zentralisierte Systeme noch rein dezentrale Systeme die perfekte Lösung sein werden. Je nach Bedarf und Bewusstsein in der Bevölkerung wird es darum gehen, hier den perfekten Mix zu finden.

Mit Blockchain 4.0 und deren Weiterentwicklung steht jedoch eine neue Technologie in den Startlöchern. Diese unterscheidet sich hinsichtlich der Schnelligkeit und der Effizienz zu den bisher bekannten Blockchains. Künftig könnte es noch einfacher sein, in die Blockchain investieren und die ein oder andere Kryptowährung zu handeln.

Parallel werden aber auch sicher weiterhin die alten Blockchain-Systeme bestehen bleiben.

CBDCs werden für die weitere Digitalisierung des Geldes sorgen und unser bekanntes physisches Geld über kurz oder lang ganz sicher verschwinden lassen. Darüber hinaus ist zu erwarten, dass auch immer mehr Vermögensgegenstände digitalisiert werden und ehemals illiquide Investitionsgüter liquide und einfacher handelbar gemacht werden. Insbesondere NFTs sind in letzter Zeit in aller Munde, erzielen Rekorderlöse und ihr Handelsvolumen an den Börsen kennt nur einen Weg – nach oben. Meiner Ansicht nach haben DAOs das große Potenzial in die Fußstapfen von NFTs zu treten und in der Branche Staub aufzuwirbeln. Ihre Entwicklung bleibt abzuwarten. Auch an der Fußballbranche geht der Trend der NFTs und Token nicht spurlos vorbei. So generierte der allseits bekannte FC Barcelona am ersten Handelstag mit seinem Fan-Token 2,3 Millionen US-Dollar. Das aktuelle tägliche Handelsvolumen liegt bei 1,5 Millionen US-Dollar und die Marktkapitalisierung gar bei 16 Millionen US-Dollar.

Schlussendlich hoffe ich, dass ich Ihnen mit diesem Buch einen guten und verständlichen Einblick in die Welt der Blockchain-Technologie geben konnte sowie Ihre Neugier für diesen Bereich, sei es als Investor, Initiator oder Gründer, geweckt habe. Sollten Sie eine Lösung für ein bestehendes Problem oder eine komplett neue Idee haben und suchen jemanden, mit dem Sie über dieses Millionen-Projekt sprechen möchten oder der Sie darin mit einem Experten-Team begleitet, so setzen Sie sich gerne mit uns über info@krypto-bildungsinstitut.de und dem Betreff „Businessanfrage“ in Verbindung. Auch begleiten wir hier gerne Sportvereine bei der Erstellung und Markteinführung von Fan-Token, um einerseits Liquidität zu schaffen und andererseits eine besondere Nähe zu den Fans aufzubauen.

Wir haben in unserem Land bereits den technologischen Fortschritt verpasst und hinken Ländern wie China oder den USA deutlich in der Informationstechnologie hinterher, wo die Blockchain-Technologie bereits tief in die Lehrbücher integriert ist. Eine Fort- oder Weiterbildung mit entsprechender Anerkennung ist hierzulande insbesondere für Quereinsteiger schlichtweg schwer zu finden, weshalb meine Firma, das Deutsche Krypto–Bildungsinstitut, gemeinsam mit der Industrie- & Handelskammer (IHK) einen Zertifizierungslehrgang zur „Fachkraft für Blockchain-Technologie“ ins Leben gerufen hat.

Auf unserer Homepage, www.krypto-bildungsinstitut.de, finden Sie die aktuellen Präsenz- & Onlinelehrgänge der IHK. Die gleichen Kurse bieten wir ebenso leicht vergünstigt mit einen Abschlusszertifikat des Deutschen Krypto-

Bildungsinstituts an und ebenso planen wir für das Jahr 2023 autodidaktische Kurse im Videoformat zur flexiblen Weiterbildung mit Abschlusstest und Zertifikatsnachweis.

Sollte Ihnen dieses Buch gefallen haben, so würde ich mich sehr über eine entsprechende Bewertung freuen. Als Dankeschön hierfür bekommen Sie eine Vergünstigung zu den von uns selbst angebotenen Kursen in Höhe von 10%. Das Einzige, was wir benötigen, ist ein Screenshot der Rezension per E-Mail an info@krypto-bildungsinstitut.de mit dem Betreff „Buchrezension".

Viel Erfolg und beste Wünsche
Ihr Marco Kowalewski

## Quellenverzeichnis

Blockchain 2.0 von Dr. Julian Hosp, FinanzBuch Verlag, 2018

Blockchain: Hype or Innovation von Christoph Meinel, Tatiana Gayvoronskaya und Maxim Schnjakin, Universitätsverlag Potsdam 2018

Blockchain in der Energiewirtschaft, BDEW Bundesverband der Energie- und Wasserwirtschaft e. V., Oktober 2017

Blockchain Maximalist von Luis Webster, Independently published, 2021

https://bitcoin-uni.de

https://www.bitpanda.com

https://blockchainwelt.de

https://www.blockchain-insider.de

https://www.blocktrainer.de

https://www.btc-echo.de

https://cdn-images-1.medium.com

https://coin-ratgeber.de/

https://coinspondent.de/

https://coinsutra.com

https://dappradar.com

https://de.beincrypto.com

https://www.europe-blog.com/

https://www.frama-rmail.com

https://www.ibm.com

https://insureblocks.com

https://www.investopedia.com

https://muenchen.digital

https://www.nextmarkets.com/

https://steemitimages.com
https://www.youtube.com/
https://validvent.com
https://www.zeit.de